MIKALOJUS VILUTIS   **DIE SUPPE**

MIKALOJUS VILUTIS

DIE SUPPE

Essay über das Leben

Aus dem Litauischen übersetzt von Cornelius Hell

KLAK

Für Njolè, meine Frau, die mir zwei Töchter geboren hat.

Ich betrachte das Leben, und meine Augen tränen.
Das eine vor Freude,
das andere vor Schmerz.

Das Leben gehört mir. Es ist schön wie die Sehnsucht.
Ich träumte von der Rückkehr der Jugend, doch
zurückgekehrt ist die Kindheit.
Kinder spielen mit Spielsachen, ich mit Gedanken.
Ich erkunde die Umgebung, ich begreife nicht, wo ich bin,
deshalb ist das Leben für mich interessant geworden.
Wie für ein Kind. Ich bin auf der Erde.
Der Himmel ist oben.
Ich denke über das nach, was neben mir ist. Ich unterhalte
mich mit mir selbst. Laut.
Ich unterhalte mich mit Gott, der in meinem Inneren ist.
Er ist gut zu mir.
Streng, aber gerecht. Wir wachen morgens zusammen
auf und unterhalten uns.
Meine kleinen Schriften kommen aus diesen
Unterhaltungen.
Wer etwas weiß, schweigt. Wer nichts weiß, spricht.
Die Weisheit des Ostens. Tiere sprechen nicht. Das Wissen
ist ihnen gegeben.
Und ich weiß nichts. Deshalb spreche ich.
Ich bin ein schrecklicher Alter, ich kichere über das,
was mir einst heilig war.
Wenn die Leute meine Schriften lesen und davon nicht
traurig werden – gut. Wenn sie denken, ich sei ein Dumm-
kopf – auch gut. Die Leute werden das denken.
Um mich herum ist der Kosmos, doch in meinem Kopf das

Chaos. Ich versuche, das Chaos in meinem Kopf in einen
Kosmos zu verwandeln.
Das nenne ich Denken.

Gedanken, die nicht meine eigenen, mir aber nicht fremd
sind, sind in den kleinen Schriften kursiv gedruckt. Ich weise nicht nach, woher sie stammen, weil ich es selbst nicht
immer weiß.

EIN GEFÄSS. DIE KRONE VON GOTTES SCHÖPFUNG

„Mein Gott, wozu hast du mir den Verstand gegeben?"
„Damit du nichts begreifst."

Ein Mensch, den niemand hört, spricht mit sich selbst:
„Ich habe alles gefunden, was ich gesucht habe. Ich habe mehr gefunden, als ich gesucht habe."
Wie ich geboren wurde, so bin ich auch geblieben. Unglücklich.
„Du hast nicht dort gesucht, hast nicht das gesucht. Du hast es nicht gefunden und wirst es nicht finden. Nur der Körper kann auf Erden glücklich sein, denn er stammt aus der Erde, doch die Seele niemals, solange sie nicht bei Gott ist, denn sie stammt von Gott. Du bist deine Seele Und Gott existiert nicht."
„Doch was verbirgt sich dann in mir und bringt mich nachts zum Schreien? Bringt mich dazu, aus dem Körper herauszukriechen, ohne zu wissen wohin und wozu? Mir die Augen auszukratzen, denn sie sehen den Weg nicht, den ich gehen muss. Da ist ein Berg.
Ich werde hinaufsteigen, ganz bis zum Gipfel, und ich werde den Weg sehen.
Ich werde glücklich sein. Ich werde mich selbst liebgewinnen."
„Du wirst dich nicht liebgewinnen. Denn du bist der Liebe nicht wert. Es gibt für dich keinen solchen Berg, den du besteigen könntest. Ersticke in dir das, was du Gott nennst. Denn er wird dich zwingen, einen Berg ohne Gipfel zu besteigen. Du wirst nur Körper sein, und erst dann bist du

glücklich. Hier, auf Erden. Oder glaubst du etwa, du wirst anderswo glücklich sein?
Ich wünsche dir, dass du daran glaubst."
Die letzten Worte spricht der Mensch zu sich selbst mit einer Stimme voller Sarkasmus.

Meine Großmutter, die Mutter meiner Mutter, sagte mir, dass Gott existiert. Und ich glaubte. In der Schule wurde mir gesagt, Gott existiere nicht, und ich glaubte denen, die es sagten. Jetzt weiß ich nicht, was dieses „Nicht-Existieren" und was dieses „Existieren" ist. Ich verstehe es nicht. Denn ich denke.
„Neben dem Herzen, gegenüber der Wirbelsäule, spüre ich ‚das', was mich Tag und Nacht quält, und nur dann, wenn ich ein schönes Bild male, werde ich mit einem himmlischen Segen belohnt. Existiert ‚das'?"
„Nein. ‚Das' existiert nicht. Das ist nur eine Illusion."
Aha. Es existiert nicht. Und meine Illusion? Existiert sie denn nicht? Wenn meine Illusion mich bestraft und belohnt – dann existiert sie. Etwas nicht Existierendes könnte das nicht bewirken. Sie ist mein Gott. Und Nietzsche kümmert mich nicht. Wenn sein Gott gestorben ist, so soll er ihn begraben. Ich werde meinen Gott nicht begraben. Er ist mein Prinzip. Mein Tao. Sein und Nichtsein. Existent und inexistent. Der alles aus sich erschaffen hat. Die Dinge hat er aus seinem Nichtsein gemacht. Für die Dinge gibt es keine Dinge. *Ich bin, der ich bin*, sprach Gott zu Mose. Gott gab dem Menschen ein Wesen. Einen kleinen Teil seiner selbst. Mein Gott existiert. Denn er hat mich gemacht. Und ich bin. Ich bin, denn ich zeichne Bilder. Das ist meine Existenz.
Vielleicht bin ich deswegen ein Mensch. Ich weiß es nicht.

„Gott, alles, was tierisch ist, ist mir unendlich nahe, warum bin ich dann ein Mensch?"

„Weil du unglücklich bist."

Mein Gott hat Recht. Glücklich bin ich nur dann, wenn ich mich wie ein Tier verhalte.

Mensch! Entlasse das Tier, das in dir ist, in die Freiheit, und du wirst glücklich sein.

Nietzsche hat Recht.

Wenn ich einem Menschen Glück wünsche, sage ich ihm im Grunde: Werde ein Tier.

Gott – das ist der Geist. So sagt man, und daran glaube ich. Gott hat den Körper des Menschen aus einer Handvoll Staub der Erde gemacht und ihm einen Teil seiner selbst eingehaucht, damit auch er Geist besitze. Und der Mensch wurde lebendig. Und die Seele hat Gott dem Menschen gegeben, um den Geist mit dem Körper zu verbinden. Hier stimme ich Hegel zu. Die Seele – das ist das Ich. Nicht ich – Mikalojus Vilutis, sondern das Ich überhaupt. Die Seele: das ist die Freuden und Traurigkeiten des Menschen. Die Wünsche und Abneigungen des Menschen, hervorgebracht vom Geist und vom Körper. Jeder Mensch hat andere. Ich glaube an die Seele, ich bin nicht wie der von Voltaire beschriebene Anatom Sidrac, der beim Sezieren der Menschen keinerlei Erscheinungsformen der Seele fand und daher nicht an die Seele glaubte. Aber hat er Sehnsucht, Traurigkeit, Liebe, Zorn, Gewissen, Neid und Verstand wahrgenommen? Beim Sezieren der Menschen hat er den Menschen nicht wahrgenommen. Der Anatom Sidrac hätte nicht eine Leiche sezieren sollen, sondern einen lebendigen Menschen. Vielleicht hätte dann er die Seele wahrgenommen.

Die Seele ist unsterblich, verkünden die Wissenden von der Kanzel. Der Körper des Menschen wird sterben, doch seine Seele, sein Ich, seine Wünsche und Abneigungen, Freuden und Traurigkeiten sind unsterblich. So ist die Unsterblichkeit.

„Du irrst dich", bekomme ich zu hören. „Deine Wünsche und Abneigungen, deine Freuden und Traurigkeiten sterben zusammen mit deinem Körper. Nur deine Seele, dein Ich ist unsterblich."

„Dann werde ich mich im Paradies selbst nicht erkennen. Dann werde ich nicht ich sein, sondern völlig verschwinden. Auf Erden war ich ein rechtschaffener Mensch, und im Paradies wird ein anderer seinen Genuss haben? Nein. Gott ist gerecht. Er wird für mich ein individuelles Paradies erschaffen, in dem ich es mit meinen Traurigkeiten und Freuden guthaben werde. Für jeden rechtschaffenen Menschen wird es ein anderes, nur für ihn bestimmtes Paradies geben.

....

„Sag, Menschenfresser, welches Paradies wünschst du dir?"

„Mein Gott, ich wünsche mir ein Paradies, in dem es viele Menschen gibt, damit ich sie auffressen kann."

„Du hast richtig gelebt, so wie es dir die von mir gegebene Natur gebot.

Ich werde dir ein Paradies erschaffen, wo es viele schmackhafte und nahrhafte Menschen geben wird. Du wirst satt sein und glücklich."

Den Menschenfresser habe ich deswegen als Beispiel gewählt, weil sie die wahren Menschen sind, denn Feuerbach hat behauptet (wenn ich mich nicht irre), dass der Mensch das ist, was er isst. Ich esse Brei."

....

Ständig sage ich: „Mein Gott." Gott hat den Menschen nach seinem Ebenbild erschaffen. Gäbe es nur einen einzigen Gott, so wären alle Menschen gleichartig. Daher kann man denken, dass jeder Mensch seinen eigenen Schöpfergott hat, der ihn verschieden geschaffen hat, und nicht nur ein anderes Paradies, sondern auch eine andere Welt für ihn. Daher verurteile ich einen Menschen nicht, der nach meiner Auffassung Unrecht hat. In seiner Welt existieren andere Wahrheiten. In seiner Welt muss man sich anders verhalten. *Zu jeder Seele gehört eine andre Welt; für jede Seele ist jede andre Seele eine Hinterwelt.* Also sprach Zarathustra.

Von einem bestimmten Standpunkt aus ist die Welt so, sagt Einstein. Dieser bestimmte Standpunkt ist der Mensch. Sechs Milliarden Menschen, sechs Milliarden Standpunkte und ebenso viele Welten.

Der Apostel Paulus sagt, Gott habe die Menschen geformt wie ein Töpfer Gefäße. Das Gefäß, das ich bin, quälen drei Ungewissheiten:

1. Kann der Mensch in das Gefäß seines Selbst füllen, was er will? Hat Gott ihm diese Macht verliehen? Ich weiß es nicht.

2. Füllen die, die sich neben dem Gefäß befinden, in dieses Gefäß, was sie wollen? *Tabula rasa.*

So denkt John Locke. Ich aber weiß es nicht.

3. Kullert der Mensch von einem Berg wie ein Stein, bis er zum Stehen kommt? Ich weiß es nicht. Nach meiner Auffassung irrt Locke: „Sähe den Samen aus und es wird eine Kartoffel wachsen oder eine Rose, es hängt davon ab, in welchen Boden du den Samen sähst." Die Kinder genialer Eltern sind nicht genial. Warum schreiben denn geniale Eltern ihre Genialität nicht in eine *tabula rasa* ein? Wenn Locke Recht hat und der Mensch nur ein Stein ist, der von einem Berg herabkullert, dann bin ich beruhigt.

Dann bin ich die Unschuld und kann ruhig den Schlaf des Gerechten schlafen.

Das Jüngste Gericht. Gottes Sohn, aus dessen Mund ein zweischneidiges Schwert ragt, sagt:
„Mikalojus habt ihr gebracht? Wozu? Er ist doch ein Gefäß. Er ist nicht zurechnungsfähig."
Ein Gefäß ist nicht dafür verantwortlich, was man hineinfüllt.

So ist das Gericht meines Gottes nicht. Mein Gott formte das Gefäß meines Ich und sprach zu mir:
„Ein Gefäß bist du, Mikalojus. Fülle in dich Würste hinein oder Sterne. Was du willst. Sei ein Wurstesser oder ein Sternenbetrachter. Was du willst. Ich werde dich sowieso lieben, als mein Geschöpf. Nicht allmächtig und nicht allwissend. Ähnlich wie ich. Du wirst freigesprochen werden.
Mein Gott ist mein Freund, nicht allmächtig und nicht allwissend. Sähe er jeden Augenblick meiner Zukunft vorher, so wäre ich ein willenloser Mechanismus, Gott liebte mich nicht und würde keine Freundschaft mit mir pflegen. Es wäre für ihn nicht interessant. Und auch ich würde mit ihm keine Freundschaft pflegen. Er würde doch auch seine eigene Zukunft genau vorhersehen und wäre ebenso ein willenloser Mechanismus. Seine Zukunft wäre vorherbestimmt von seinem eigenen Wissen.

Der allmächtige und allwissende Gott sprach:
„Morgen wird es regnen."
Und der allmächtige Gott kann nicht bewirken, dass morgen die Sonne scheint, denn das würde bedeuten, dass sich der allwissende Gott geirrt hat, als er sagte, dass es morgen reg-

nen wird. Der Allmächtige kann nicht. Der Allwissende irrt sich. Wenn Gott die Zukunft vorhersähe, dann könnte Er sie nicht ändern. Und die Zukunft wäre wie die Vergangenheit. Nicht nach dem Willen des Menschen. Und nicht nach dem Willen Gottes. Doch vielleicht kann Gott die Vergangenheit ändern? Die Ursache? Und damit auch die Wirkung? Vielleicht kann Gott die Zukunft vorherbestimmen, auch das Leben des Menschen, doch Er will nicht, denn es wäre für Ihn uninteressant. Vielleicht ist es für Ihn interessant, einen Stein vom Berg zu rollen und zu schauen, wo er hinkullert. Die Deisten glauben das.

Eine Ameise geht, ohne den Weg zu kennen, schwer trägt sie ihr Kreuz.

„Ich werde dir den Weg zeigen, ich werde dir helfen, dein Kreuz zu tragen", sagt Gott zur Ameise.

„Danke, mein Gott. Den Weg werde ich selbst finden und mein Kreuz selbst tragen."

„Ich achte dich, Ameise. Du trägst dein Kreuz auf dein eigenes Grab."

Auch ich trage ein Kreuz auf dem asphaltierten Weg meines Lebens. Mein Kreuz ist leicht. Wie Schaum. Ich springe herum wie ein Grashüpfer.

Kann der allmächtige Gott etwas nicht können? Ein dummes Paradoxon. Ein Gerede. Popphilosophie. Ich rede klug daher und glaube selbst nicht an meine Klugheiten. Wenn man mir sagte, dass die Wahrheiten, die ich schreibe, Wahrheiten sind, würde ich mich von Herzen wundern. Ich spreche die Unwahrheit, doch ich lüge nicht, denn ich sage das, was ich denke. So sind meine Schriften. Ich kenne die Wahrheiten nicht. Ich will nur, dass meine Wahrheiten aussehen wie

Wahrheiten. Ich weiß nicht, wer ich bin. Ich betaste mich selbst wie vier blinde Elefanten und versuche zu verstehen, was ich betaste. Ist mein Ich ein Zusatz zum Bauch oder der Bauch ein Zusatz zu meinem Ich? Mein eines Ich ist im Bauch, mein anderes Ich im Kopf, und in der Mitte, an der Wirbelsäule, ist Gott. Meine unsterbliche Seele ist zwischen dem Bauch und dem Kopf, den mir Gott gegeben hat. Gott erschafft und vernichtet. Vielleicht haucht er dem einen Menschen einen Teil seiner selbst ein, den des Schöpfers, und einem anderen den des Vernichters? Damit die Menschen verschieden seien wie die Buchstaben. Damit man ein Wort schreiben kann. *Im Anfang war das Wort.*

„Hast Du erschaffen, was du konntest? Hast Du vernichtet, was du konntest?", fragt der Teil Gottes den Menschen, der in ihm ist.

Dieses fragende Teilchen nenne ich mit einem Wort, das mir fremd ist, Psyche. Es lässt mich manchmal nachts nicht schlafen. Das ist auch alles, was ich davon weiß.

Gott hat mir ein besonderes Talent des Nichtwissens zugedacht.

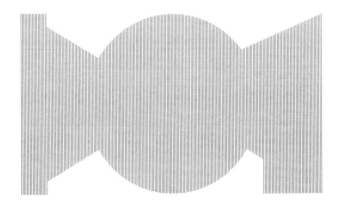

NESCIO ERGO SUM

„Sag mir die Wahrheit, Gott."
„Ich sage dir die Wahrheit nicht, Mikalojus, damit du Hoffnung hast."
„Ich brauche keine Hoffnung. Ich will die Wahrheit."
„Die Wahrheit ist im Himmel. Errichte den Babylonischen Turm, damit du den Himmel erreichst.
Du wirst eine schwarze Leere erreichen."

Hätte meine Frau Nijolė von meiner Wahrheit gewusst, hätte sie mich nicht gcheiratet, denn die Wahrheit führt in die Enttäuschung. Menschen, die die Wahrheit kennen, haben ihr gesagt, wer ich bin, doch sie wollte es selbst herausfinden. Sie ist wie meine Tochter Emilija. Das erste Wort der Tochter war „Mama", und die beiden anderen Worte waren „ich selbst". Auch ich bin so. Im Jahr 1949 bekam meine Cousine Laisvė, die Tochter der Schriftstellerin Aldona Liobytė, eine blauäugige Puppe, die im Liegen die Augen schloss und sie im Sitzen öffnete. Ich wunderte mich. Eine leblose Puppe konnte ihre blauen Augen öffnen und schließen?! Wie? Ich nahm ein Messer, schnitt der Puppe den Kopf ab, schaute in das

Innere des Kopfes und verstand, wie. Man sagte mir, es wäre nicht notwendig gewesen, der Puppe den Kopf abzuschneiden, über das, was im Kopf der Puppe vor sich geht, hätte ich kluge Menschen befragen sollen. Sie hätten es mir erklärt. Doch ich wollte es selbst herausfinden. Die Art und Weise, wie ich meinen Erkenntnisdurst stillte, war für die klugen Menschen nicht akzeptabel, und sie gingen so mit mir um, wie es Gott gelehrt hat: *Wer seinen Sohn liebt, der züchtigt ihn beizeiten. Wer seinem Sohn die Rute erspart, der hasst seinen Sohn.* Die Wahrheit zu erfahren ist schmerzlich. Und gefährlich. Die Wahrheit ist schön, wie der Gralsbecher, den niemand gesehen hat. Ein kleines Kind streichelt den schönen Kopf einer Schlange, es will die Wahrheit herausfinden. Ich muss die Wahrheit nicht kennen. Wozu? Ich kann sie nicht ändern. Ich muss mich nach ihr richten. Die Wahrheit würde mich zu einem Opportunisten machen. Ich habe sie gesucht, aber ich will sie nicht finden. Was würde ich denn tun, wenn ich sie fände? Schafe züchten? Ich will Odysseus sein, der niemals nach Ithaka zurückkehrt. Der ewige Jude will ich sein, um die Leiden des Volkes Gottes zu erdulden. Sisyphus will ich sein. Nur der Stein sollte immer ein anderer sein. Und auch der Berg.

Nachdem ich die Wahrheit über die Augen der Puppe aufgedeckt hatte, war ich enttäuscht. Ich hatte ein Wunder erwartet, doch es gab keines. Es gibt keine Wunder. Es gibt nur das Warten auf ein Wunder. Das schönste Geschenk, das dem Menschen von Gott gegeben wurde. Als ich der Puppe den Kopf abschnitt und einen Augenblick, bevor ich in ihr Inneres blickte, hatte ich ein wunderbares Erlebnis, das ich bis heute nicht vergessen habe. Und die Enttäuschung, die ich erlebte, als ich die Wahrheit erfuhr. Deshalb schätze ich jetzt nicht die Wahrheit, sondern den Augenblick vor der Wahrheit. Ich will einen Augenblick, der nicht endet. Oscar Wilde hat gesagt, dass nicht nur die Wahrheit, sondern *alle Wege in die Enttäuschung führen*. Deswegen krieche in den Sumpf, wo es keinen Weg gibt. Ich suche nicht die Wahrheit, ich suche das Suchen. Die Suche gebiert Gedanken. Sie fliegen her und weg wie Vögel. Wenn ich einen Gedanken aufschreibe, ist es als ob ich einen Vogel finge. Man muss sich beeilen. Damit er nicht vorher wegfliegt. Gerade jetzt kommen zwei herbeigeflogen. Wieder über die Wege: „Alle Wege führen in den Tod, wenn es keinen Gott gibt. Alle Wege führen ins Leben, wenn es Gott gibt." Nicht irgendeinen Gott, sondern einen, wie ich ihn möchte. Ich will einen bequemen Gott, aber die unbequeme Wahrheit will ich nicht. Ich fliehe zu Gott, um vor der Wahrheit zu fliehen. Vor dem Tod. Die Wahrheit ist, wie auch der Tod, unfruchtbar. Sie gebiert keine Gedanken. Immer habe ich gewusst, dass ich sterben werde. Nur diese Wahrheit kannte ich. Mein Verstand wusste es, mein Herz jedoch nicht. Wissen und verstehen – das ist nicht dasselbe. Das Herz versteht. Angst überkam mich, als mein armes Herz den Tod neben sich fühlte. Danach verging die Angst. Der Tod wurde interessant. Ich brenne darauf zu erfahren, wie er aussieht. Das Alter beginnt, wenn ein Mensch den Tod fühlt. Die Welt, die man bald zurücklassen muss, wird schön.

Der Tod öffnet den Menschen für die überall anzutreffende Schönheit der Welt. Für die Schönheit eines auf der Erde liegenden Strohhalms. Der Maler Algimantas Švėgžda sah, nachdem er dem Tod sehr nahe gewesen war, wie schön ein Strohhalm ist. Erst dann schuf er seine besten Werke. Er war schöpferisch, indem er nichts schuf, nur den Strohhalm zeichnete, wie Gott ihn gemacht hatte. Nur einen, der nicht verfault. Er zeichnete einen unsterblichen Strohhalm. Ohne etwas zu schaffen, schuf er die Ewigkeit. Er hielt einen *bezaubernden Augenblick* fest.

Die Wahrheiten, die ich schreibe, kommen aus der Welt, es sind nicht meine. Ich lese wenig. Ich lese dort und da herum. Ich will mir keine Vernunft ausborgen. Ich schlage ein kluges Buch auf, lese einen klugen Gedanken, aber ich lese keine Erklärung. Ich versuche, mir selbst klar zu werden. Aus diesen Erklärungen habe ich bereits ein Buch geschrieben. Ich habe es „Die Torte" genannt. Torten sind mit den hellsten Erinnerungen meines Lebens verbunden. In meiner Kindheit waren sie süß und schön, mit Rosen und Lilien verziert. Feucht. Viel Flüssigkeit war in ihnen. So haben sie meinen Geschmack, mein Verständnis von Schönheit und meine Lebensziele beeinflusst. Und meine Träume. Ich habe mich darum bemüht, dass auch mein Buch den Torten der Kindheit ähnlich sei. Dass es ebenso elegant, süß und leicht verdaulich sei. Vielleicht ist mir das auch gelungen. Vielleicht. Zwei Schülerinnen – Grita und Roberta – waren dabei, Sekt zu trinken. Auf dem Tisch lag meine „Torte". Die Mädchen schlugen das Buch auf, begannen darin herumzulesen und lasen es aus. Sie vergaßen sogar den Sekt. Sie sagten, es seien sehr komische Schriftchen, doch es stecke auch Philosophie darin. Wenn der Mensch lacht, ist er glücklich. Das Büchlein half den Mädchen wenigstens für kurz, das Ziel des Lebens zu erreichen – das Glück. Und außerdem: Die Mädchen tranken keinen Sekt, sondern lasen Philosophie. Ein Sieg der Philosophie über den Sekt. Wer könnte das glauben?
Ich mag Beifall sehr. Ich möchte mir die ganze Zeit beweisen, dass ich etwas wert bin. Ich denke, wenn man mir Bei-

fall klatscht, bin ich den Beifall wert. Selbst zweifle ich stark daran.

Ich erhielt Beifall für diese „Torte". Danach verhallte der Beifall, und ich wurde traurig. Aus dieser Traurigkeit heraus koche ich jetzt die Suppe. Und aus Gedankensplittern. So nenne ich auch mein zweites Buch „Die Suppe". Zwei Frauen kaufen in einem Lebensmittelgeschäft dieselben allseits bekannten Produkte, und daraus bereiten sie ihren Männern zwei Suppen von unterschiedlichem Geschmack zu. So mache ich es auch. In meiner Küche werden allseits bekannte Gedanken aufgekocht. Vielleicht von etwas anderem Geschmack. Seis drum.

„Mikalojus, lebst du nach? Was machst du?"

„Ich zeichne kleine Bilder und denke darüber nach, was es gibt und was es nicht gibt. Je mehr ich nachdenke, umso weniger verstehe ich, oder umso mehr verstehe ich, dass es mir nicht gegeben ist zu verstehen, was es gibt und was es nicht gibt."

„Das sagst du nicht als erster."

„Ich sage das nicht als erster. Aber nicht deshalb, weil ich die Sätze von anderen gehört habe. Ich habe mich selbst davon überzeugt. Und das ist etwas ganz Anderes. Man muss sehr viel nachdenken, um nichts zu verstehen."

Im Buch Kohelet steht geschrieben:

Alle Gedanken sind bereits gedacht. *Sieh dir das an, das ist etwas Neues – aber auch das gab es schon in den Zeiten, die vor uns gewesen sind.* Neue Gedanken gibt es anscheinend keine mehr. Nur schon längst ausgesprochene. So bleibt nur, sich durch sie hindurchzuwühlen, sie anders auszudrücken und anders zu erklären. Rühmenswert ist nicht die Entdeckung, sondern die Auslegung – Platon hat diese Worte von Sokrates vor zweitausendvierhundert Jahren aufgeschrieben. Parmenides hat schon vor zweitausendfünfhundert Jahren gesagt: *Denken und Sein ist dasselbe.* Doch zitiert wird Descartes: *Cogito ergo sum.* Er hat es schöner gesagt. Nicht der Mensch erschafft das, was er entdeckt. Es ist nicht sein Verdienst. Die Auslegung hingegen schafft der Mensch. Dafür bekommt man Beifall. Die Wahrheit ist nicht interessant. Interessant ist das Erklären der Wahrheit.

Das erste Buch habe ich über die Welt geschrieben, die mich umgibt und die ich nicht verstehe. Und auch das zweite schreibe ich über dasselbe. Über das, was ich nicht weiß. Mein Nichtwissen dränge ich anderen auf, denn etwas Besseres habe ich nicht. Nur einige Nicht-Kenntnisse. Nur einige Themen. Wahrscheinlich nur ein einziges, alle anderen sind nur Nebensache. Der freie Wille. Wenn es nur die Physik gibt, so gibt es dort keinen freien Willen. Dort gibt es nur Gesetze. Dort gibt es keinen Gott, der sagt: „Ich habe das Land erschaffen, das Wasser, die Luft und das Feuer. Und die Gesetze, um sie zu beherrschen." Ich habe die Notwendigkeit erschaffen, wo es keine Zufälle gibt, denn die Vergangenheit bestimmt die Gegenwart. Doch ich bin ohne Ursache. Ich habe das große Wunder erschaffen – den Zufall. Mich selbst habe ich erschaffen. Ich bin der Gott Zufall. Ich gewähre Freiheit. Du bist frei, Mikalojus. Du sollst nicht wissen, wie man leben muss, daher denke und sei. Sei Ursache und Resultat deines Denkens.

Das sagt auch Descartes. *Ich denke, also bin ich.* Wüsste ich, müsste ich nicht denken. Ich wäre nicht. Ich denke deswegen, weil ich nicht weiß. Ich weiß nicht, also bin ich. Man sagt auch: Ich denke, also bin ich. Ich habe gelesen, aber ich weiß nicht mehr wo, *existo* bedeute „entgegenstehen".

Von daher kommt der Existenzialismus. Gegen das Leben stehen wie gegen einen Feind, der Schmerzen bereitet. Gäbe es keinen Feind, bräuchten wir weder das Gehirn, noch die Muskeln, noch die Knochen, um die Muskeln zu halten. Wir wären ein Teig. Wir würden nicht leben. Existieren bedeutet für mich leben. Den Stein gibt es, doch er empfindet keinen Schmerz, das heißt, er lebt nicht. Er hat keine Feinde. Im Paradies werden wir keine Feinde haben und ein Teig sein. *Liebe deine Feinde, denn wenn du nur deine Nächsten liebst, worin unterscheidest du dich dann von den Tieren. Auch die Tiere lieben ihre Nächsten.* So steht es im Evangelium geschrieben. Beinahe. Ich habe die Stelle ein wenig abgeändert. Die Liebe ist keine Angelegenheit des Entschlusses eines Menschen, daher würde ich nicht sagen: „Liebe!", sondern: „Sei deinen Feinden dankbar, denn sie haben aus dir einen starken Menschen gemacht." Man muss den Feind kennen. Das Leben, das auf dieser Erde stattfindet. Ich habe es versucht. Ich versuchte zu verstehen, wo ich bin. Und was ich bin. Um zu leben. Für mich gibt es nur das, was ich verstehe. Was ich fühle. Der Mensch ist das, was er fühlt. Ich bin deswegen, um mich zu fühlen.

Ich und nicht Ich. So gliedere ich das Sein. Ein egozentrisches System. Um mich kreisen Sonne und Mond, und in der Mitte bin ich. Ich bin das Zentrum des Weltalls Nr. 34405030014. Es gibt viele solche Zentren. Sechs Milliarden. Ich bin eines davon. Ich habe einen löchrigen Kopf. Ich bin bei der Stirn und neben den Schläfen. An dem Ort, wo mich der Kopf schmerzt. Und in diesem Schmerz bin ich auch. Durch die Löcher im Kopf dringt die für mich zweifelhafte Welt in mein Inneres ein und verursacht positive oder negative Zustände.

Ich kenne nur sie und sonst nichts. Wie die Welt ist, weiß ich nicht. Ich bin ein Zerrspiegel, in dem sie sich verzerrt widerspiegelt. Ein verzerrtes Bild. Eine Schizorealität. Wie der Spiegel beschaffen ist, weiß ich genauso wenig. Mein Nichtwissen zwingt mich zum Zweifel. Die Zweifel zwingen zum Denken und Überlegen. Das Wissen hingegen blendet den Menschen. Es wird zur Einsicht dessen, was man sehen muss, und zur Nicht-Einsicht dessen, was existiert.

Die Köpfe der Menschen. Groß und schwer. Sie sind mit Wissen gefüllt bis zum Bersten. Es gibt keinen Platz für das Denken. Das Wissen versteckt die Welt. Und es versteckt das Leben. Ich will nicht wissen, dass ich lebendig wäre.

Das Wissen der Wahrheit ist für mich mit Geschrei und verdrehten Augen verbunden Die Wahrheit ist leblos... *die Wahrheit, verehrter Freund, ist zum Sterben langweilig.* So schrieb Albert Camus. Die Wahrheit gebiert keine Gedanken. Sie ist unfruchtbar. Kalt und schwer, wie eine Leiche. Sie ist immer dieselbe. Unbeweglich. Mein Nichtwissen hingegen ist großartig, es hat keinen Grund, es ist *aus sich selbst*, sein eigener Anfang. Es ist lebendig, fließend, farbig und schafft elegante, befristete Wahrheiten. Mein Grund. Mein Schatz. Gerne teile ich es mit anderen. Die Menschen müssten mir dankbar sein, denn meine Wahrheiten, aus dem Nichtwissen geboren, ersticken nicht die Wahrheiten anderer Menschen. In meinem Kopf herrscht ein latentes Chaos, das ein Chaos gebiert. Nur die Form kann man wissen. Welche Form hat das Chaos? Über das, was neben mir geschieht, habe ich viele Meinungen, die sich ändern, denn alles um mich herum ändert sich ebenfalls. Ich vertraue mir selbst nicht, denn ich kann nur auf das vertrauen, was ich kenne. Kennen kann man nur das, was sich nicht ändert. Die Philosophen sind übereingekommen und die Wissenschaftler haben den Beweis dafür geliefert, dass die Menschen nicht die Gegenstände sehen, sondern die Bewegung. Die Veränderung. Alles verändert sich, und über das, was sich verändert, kann man nur eine Meinung haben, aber kein Wissen. Das ist ihre Übereinkunft.

Was ist ein fliegender Vogel? Er ist jeden Augenblick anders, jedoch kein anderer. Oder ein anderer? Wenn anders, dann ein anderer? Der Vogel ist anders, aber derselbe. Ein anderer – das ist der Zufall, derselbe – das ist die Notwendigkeit. *Nichts ist notwendig.* Sagen die Weisen. Die Welt ist nicht notwendig. Ich sehe mich um und begreife gar nichts.

Jeden Schritt widerspreche ich mir selbst. Ein Wirrwarr von Gedanken. Eklektizismus. Viele Banalitäten. Nichts. Banalitäten sind Wahrheiten, nur langweilige. An vielen Stellen wiederhole ich mich. Macht auch nichts. Die Wiederholung ist die *mater studiorum*. So ist mein Schreiben. Die Gedanken schreiten nicht gerade voran. Sie schweifen umher. Stoßen aneinander. Paaren sich wie verrückt. Gebären einander. Zwei Gedanken gebären einen dritten. Die Gedankenmutter, die Gedankentochter und die Gedankenenkelin, die keine Ähnlichkeit mehr hat mit der Mutter. Ich bin es müde zu gebären. Ich bin es müde, nicht zu wissen. Als ich jung war, wusste ich.

....

„Komm zurück, Jugend, blühe wie Flieder!", heißt es in einem litauischen Volkslied.

Als meine Kindheitsfreundin Alma meine sehnsüchtige Klage hörte, fragte sie: „Willst du wirklich jung und dumm sein anstatt alt und weise?" „Ich will", antwortete ich meiner Jugendfreundin Alma, „alt und dumm sein." Um zu wissen.

Um mir keine Gedanken machen zu müssen, um ruhig leben zu können. Das Denken ist ein Übel. Das Leben ist ein Übel. Diejenigen, die wissen, leben nicht. Sie haben Glück gehabt.

Ich weiß nicht. Ich weiß nicht, was mein Ich ist. Vielleicht bin ich ein Sack, in dem sich ein Hund befindet, der mich grenzenlos liebt, und eine Katze, die mich mit scharfen Krallen kratzt. Vielleicht bin ich mein Unterbewusstsein, das vor mir verborgen ist, langsam in mein Bewusstsein eindringt und mich mit mir selbst bekanntmacht. Zu meinem Unglück. Vielleicht zwingen mich beide zusammen, mein Bewusstsein und mein Unterbewusstsein, mein Wesen, meine Natur, zum Zeichnen und zum Schreiben. Ich bin ja auch meine Natur. Wie die Sonne strahle ich mich selbst aus. Ich zeichne und schreibe mich selbst. *...das metaphysische Alpha und Omega, der Anfang und das Ende bist du selbst...* Das hat Kierkegaard gesagt. Ja. Ich bin es selbst. Wie das Kind von Jaspers... *versuche ich immer zu denken, dass ich jemand anderer bin, und dennoch bin ich die ganze Zeit ich.*

„Mikalojus, du schreibst und zeichnest dich selbst. Du bist ein Narziss."

„Nein. Ich bin kein Narziss. Ich bin größenwahnsinnig."
Ich versuche, über etwas Anderes zu sprechen, und dennoch spreche ich über mich selbst. Nur darüber, was in meinem Inneren ist. Und in meinem Inneren bin nur ich. Sonst gibt es nichts. Wenn ich Musik höre, dann höre ich nicht Klänge, sondern erfahre einen inneren Zustand.

„Ich habe mir eine Schallplatte gekauft."
„Welche Schallplatte?"
„Eine aus Plastik."
„Nein. Du hast keine Schallplatte aus Plastik gekauft, sondern das Lied, das auf der Schallplatte aufgenommen wurde."
„Nein. Ich habe den Zustand gekauft, den das Lied in mir auslöst."

Wenn man sich bei der Berührung mit einem kalten Gegenstand verbrennen kann, so ist die Hitze nicht im Gegenstand, sondern in meinem Finger. In mir. Auch die Kälte. Alle Merkmale und Eigenschaften eines Gegenstandes sind meine Reaktionen auf ihn, die in mir sind. Ein Gegenstand besteht ja auch aus Eigenschaften und Merkmalen. Der Gegenstand ist in mir. Nirgendwo sonst gibt es ihn. Alles ist in mir. Vielleicht bin ich in der Welt, doch vielleicht ist die Welt nur in mir. Vielleicht bin ich auch die ganze Welt. In der Dhammapada steht geschrieben: *...man muss unbedingt zugeben, dass alles, was existiert, die Leere ist. Es gibt nichts, was real existiert, sein Dasein hätte und nicht Leere ist. Uns scheint nur deswegen, dass die Welt real existiert, weil das Nichtwissen, die Avidya, unser Bewusstsein quält.* Das Nichtwissen ist der Schöpfer unserer Welt. Das Nichtwissen ist Gott. Er hat sich selbst erschaffen, dieses das Bewusstsein quälende

Nichtwissen, das die Welt erschaffen hat, die es nicht gibt und in der ich mich befinde und mich begreife. Und das, was ich sehe und berühre, nenne ich Wirklichkeit.

Ich esse einen Schinken und werde satt und mit mir selbst zufrieden. Und es kommt mir nicht darauf an, ob ich den Teil eines getöteten Schweines verzehre oder das mein Bewusstsein quälende Nichtwissen. Es kommt auf den Zustand der Sattheit an, der den Gedanken aufzwingt, dass das geräucherte und mein Bewusstsein quälende Nichtwissen gut schmeckt. Den Wohlgeschmack gibt es. Den Zustand der Sattheit gibt es. Und vielleicht gibt es ja auch den beginnenden und zu Ende gehenden Schinken, und die Welt ist nicht geschaffen, ohne Anfang und Ende, sie existiert auch ohne mich, auch ohne Menschen, und sie ist für jeden immer anders, denn die Reaktionen eines jeden auf sie sind jeweils andere. Da gibt es nicht nur mich, sondern auch andere Menschen, Zerrspiegel, die die Welt gemäß ihrer Verzerrung spiegeln und in dieser Verzerrung wie in ihrer eigenen Welt sind. Interessant, aber unwichtig. Wichtig ist, wie ich mich in der Welt fühle, und nicht, wo sie ist. Wenn ich Bauchschmerzen habe, dann sind mir die Schmerzen wichtig, aber nicht der Bauch. Ich bin mein Schmerz und mir selbst wichtig. Ich bin ich – die Reaktion auf das, was nicht Ich ist. Wenn ich über eine Kartoffel spreche, so spreche ich nicht über eine Kartoffel, sondern über die „Ich"-Reaktion auf die Kartoffel. Über mich selbst. Das erste Buch hätte ich nicht „Die Torte" nennen sollen, sondern „Ich Nr. 1", denn ich habe auch über mich selbst geschrieben. Dieses Buch hätte ich „Ich Nr. 2" nennen können. Denn ich schreibe auch über mich. Die „Ich"-Reaktion ist meine Welt, in der nur ich lebe und die ich nicht kenne, deswegen ist mir darin nicht langweilig. In der Hölle wird es langweilig sein. Dort wird alles klar sein. Doch hier ist überhaupt nichts klar. Hier ist Gott für jeden ein anderer. Seinen Namen auszusprechen ist verboten. Niemand kennt Seinen Namen.

Er segelt in der schwarzen Leere, über schwarzem Wasser. Es war nichts. Er hat alles erschaffen. Feuerbach hat gesagt, nicht Gott hat den Menschen nach seinem Ebenbild erschaffen, sondern der Mensch hat Gott nach seinem Ebenbild erschaffen. Vielleicht hat Feuerbach Recht. „Ich habe Dich, Gott, erschaffen, damit Du mich schaffst und eine Welt, in der ich es gut habe." Vielleicht haben die Menschen den Schöpfergott für sich erschaffen, um jemanden zu haben, vor dem sie niederknien können. Die Verzweiflung der Menschen hat einen solchen Gott geschaffen: „Ich werde Dich, Gott, als mächtig und gut erschaffen, damit du mich glücklich erschaffst, wenn nicht in diesem, dann in einem anderen Leben. Und damit Du mir den Glauben an Dich gibst und meine Hoffnung und mein Trost bist. Und dann kommt es nicht darauf an, ob es Dich gibt und wer Dich erschaffen hat. Es kommt darauf an, dass es Deine Güte und Deine Liebe für mich gibt. Denn Du, den es nicht gibt, vergibst mir meine Schuld, ich dagegen vergebe sie mir nicht. Ich habe dieses wunderbare Geschenk verloren. Schön sind die Worte von Albert Camus: *Wir haben diese heilige Unschuld verloren, die sich selbst die Schuld vergibt.*

Gott existiert, egal ob von den Menschen oder von sich selbst geschaffen. Dennoch glaube ich, dass zuerst die Welt und die Menschen entstanden sind, erst danach Gott, denn ich begreife nicht, wozu er die Welt und die Menschen nötig gehabt hätte. Er ist doch die Fülle. Aber wenn es Gott nicht gibt, dann bin ich Gott. Dostojewskis Schussfolgerung. Nein. Ich bin nicht Gott. Ich bin in einer Welt, die ich nicht erschaffen habe und die Ich heißt, aber dieses Ich bin nicht ich. Das ist Irgendjemand, der in meinem Inneren ist und mich beherrscht. Ich kenne ihn nicht. Wenn das der Gott in mir ist, dann hasse ich ihn, denn er quält mich. Er verbietet mir, was ich will, und zwingt mich, das zu tun, was ich nicht will. Er ist in mir und bestraft mich schrecklich, wenn ich ihm nicht gehorche. Ich bin machtlos gegen ihn. Ich habe ihn nicht erschaffen.

Würde ich den von mir erschaffenen Gott fragen:

„Gott, warum ist glücklich zu sein eine Sünde?"

Ich bin eine Konstruktion aus Fleisch und Knochen, überzogen von einer löchrigen und stellenweise behaarten Haut. Die Konstruktion bewegt sich und füllt Nahrung in eine Öffnung, die sich im oberen Teil befindet. Die Öffnung, die sich im unteren Teil der Konstruktion befindet, ist dazu bestimmt, die Überreste der Nahrung zu beseitigen. Eine solche Charakterisierung meiner selbst ist richtig, jedoch nicht hinreichend. Das kann man auch über jeden Menschen sagen, und überhaupt über jedes Säugetier. Nur haben die anderen Säugetiere horizontal angeordnete Öffnungen, das ist nicht so bequem. Der Mensch ist dasjenige Tier, dessen Öffnungen vertikal angeordnet sind. Das sagt überhaupt nicht viel aus über das, was ich das Ich nenne. Ein Affe hat drei Millionen Gene. Ich habe ebenfalls drei Millionen von denselben Genen und nur zwei, die sich von den seinen unterscheiden. Deswegen bin ich ein Mensch. Von anderen Menschen unterscheide ich mich durch ein Gen. Dieses Gen macht Mikalojus Povilas Vilutis aus. Ich bin das, wodurch ich mich von anderen unterscheide. Ein gutes Wort ist *Idiosynkrasie*. Dieses Wort drückt das Wesen des Menschen aus. Es steht für Allergie und die Unterscheidungsmerkmale des Menschen. Der Mensch ist ja seine Unterscheidungsmerkmale. Der Mensch ist eine Allergie. Gegen das Leben.

Ich bin meine Allergie gegen das Leben, die mich mit einem Ausschlag von kleinen Bildern und Schriften bedeckt.

....

„Was ist dieser Mensch?"
„Ein Säugetier."
So antwortet man nicht.
„Wer ist dieser Mensch?"
„Ein Dichter."
So antwortet man.
Aristoteles ist ein Philosoph. So sagt man.
Alexander ist ein Heerführer. So sagt man nicht.
Alexander war ein Heerführer. So sagt man.
Aristoteles ist ewig, Alexander hingegen kurzlebig. Die einen Menschen sind, die anderen waren. Wieder andere waren überhaupt nicht.
Zu Šarūnas, meinem Enkel, sage ich:
„Petras ist ein Dichter, und Povilas war ein von alten Frauen ausgehaltener Mann.
„Warum sagst du ‚Petras ist', er ist doch tot. Es gibt ihn nicht."
„Es gibt die Gedichte von Petras. Dort ist Petras lebendig *in einem unverweslichen Körper.*"
Von solcher Art ist die Auferstehung zum ewigen Leben in den Evangelien.
Der tote Petras... *ist mehr als er war...* Das sagte Aidas Marčėnas über den Dichter.
„Und Povilas? Er lebt. Aber du hast gesagt, ‚er war'. Er ist."
„Ob Povilas ist, weiß ich nicht. Ich weiß nicht, ob er war. Es gab alte Frauen, die ihn ausgehalten haben. Doch sie sind schon verstorben."

....

Der Mensch ist nicht das, woraus er gemacht ist, sondern das, was er gemacht hat.

Das, was er gibt. Oder das, was er nimmt. Oder das, was er braucht. Oder das, was er nicht braucht.

Ein Mensch ist derjenige, der für sich selbst ein Ich ist. Der Mensch fällt auf die Knie vor dem von ihm selbst geschaffenen Gott, der schön ist wie das Licht. Vor der Schönheit fällt er auf die Knie. Vor der Wahrheit fällt niemand auf die Knie. Sie ist es nicht wert. Sie ist nicht schön. Sie hilft nicht zu leben. Gott ist besser als die Wahrheit.

„Was willst du mit all dem sagen?"

„Nichts."

....

Das Ziel ist das Sagen selbst. So ist mein Buch des Nichtwissens. Ich versinke in meiner Grübelei und wate durch ein Moor auf der Suche nach einem Weg, den es nicht gibt, barfuß, mit geschwollenen und blutigen Füßen, die Zähne zusammengebissenen vor Glück. Es ist gut zu leben. Wenn es interessant ist, das ist das Glück. Der Mensch wird nicht müde zu leben, solange es für ihn interessant ist. Meine Heimat ist das Moor. Ich unterhalte mich mit Menschen, die dieselbe Heimat haben und dieselbe Sprache sprechen. Ich glaube an das ewige Sein und an das ewige Nichtsein. Manchmal an das eine, manchmal an das andere. Ich glaube an den Sinn und an die Sinnlosigkeit des Lebens. Ich sehe mich und alles, was mir wichtig ist, als über die Maßen bedeutsam an, doch ich verstehe, dass das nicht von Bedeutung ist.

DAS ICH Nr. 34405030014

Ich ertrage den Spiegel nicht. Ich bin viel schöner als das, was ich dort zu sehen bekomme.

Dreijährige Mädchen wollen ein Kind haben. Sie können nur nicht gebären. So sagte meine Cousine Gintarė, als sie drei Jahre alt war: „Mamma, gebäre mir ein Kind, denn das kann ich selbst nicht."

„Mädchen, willst du ein Kind gebären, das sterben wird? Und will es, dass du es gebierst? Gebierst du es für dich selbst oder seinetwegen? Weißt du wirklich, dass es glücklich sein wird? Oder beschäftigt dich das nicht? *Der Todestag ist wertvoller als der Geburtstag.* Gott hat das gesagt. Du willst noch ein Leben gebären, wissend, dass es besser ist zu sterben als geboren zu werden, denn das Leben ist eine Qual. Willst du eine Qual gebären? Chiron, der unsterbliche Kentaur, den sein Freund Herakles verwundete, wie nur ein Freund einen verwunden kann – mit einem Giftpfeil –, litt in einem fort und erbat von den Göttern den Tod. Der mit Sehnsucht nach dem Tod und ewigem Dasein bestrafte Prometheus wurde auf den Befehl eines Gottes so an den Felsen angekettet, dass es für den Adler ein Leichtes war, seine über Nacht nachwachsende Leber zu zerreißen und zu fressen. Die ewige Leber. Damit die Qual ewig sei. Der Fels des Sisyphus. Die Qualen des Tantalus. Das sind keine antiken Mythen. Das ist das Leben.
Kleines Mädchen, wen möchtest du gebären? Einen Sohn oder eine Tochter?
Ein Kind ist geboren, Alter und Tod stecken in ihm.

Gott segnete sie und sprach: Seid fruchtbar und mehret euch, füllet die Erde..."

Gottes Anweisung ist längst ausgeführt. Die Erde ist schon längst gefüllt und überfüllt. Je mehr Äpfel auf einem Baum, umso kleiner sind sie. Je mehr Menschen es gibt, umso schwächer und bösartiger sind sie. Und gefräßiger. Sie sind dabei, die Erde aufzufressen. Jeder neue Mensch vergrößert die gemeinsame Not und die Qual. Das stammt nicht von mir.

„Es ist schrecklich, dich so sprechen zu hören", wird mir gesagt, „die Geburt eines Kindes ist doch ein Wunder."

Die Wunder des Bauches. Den Katzen gelingt es besser, solche Wunder zu vollbringen, als den Menschen.

Auch ich wurde geboren. Ich lebe und liebe das Leben heiß. Eine unerwiderte Liebe. Die erste Liebe, denn ich lebe zum ersten Mal. Zum ersten Mal vor einer Orgel sitzend, versuche ich, ein großes Werk aufzuführen. Es gelingt mir nicht. Eine Kakophonie. Ich lebe schon lange, doch das Ziel des Lebens habe ich nicht erreicht. Vieles habe ich gelernt, ich habe nur nicht gelernt glücklich zu sein.

Ich sage mir:

„Lächle, sei glücklich."

„Ich kann nicht lächeln und glücklich sein, denn ich habe Bauchschmerzen."

„Nimm ein Medikament ein."

„Ich werde keines einnehmen. Es gibt keine zwei Schmerzen zur selben Zeit."

Meinem Freund fügt das Leben solche Schmerzen zu, dass er der Wand einen Fußtritt versetzt, damit der Schmerz von der Seele in das Bein übergehe. Deswegen nehme ich keine Medizin ein. Wenn ich Bauchschmerzen habe, tut mir die Seele nicht weh. Besser der Bauch schmerzt als die Seele.

Gott, der in meinem Inneren auch hört, was ich denke, sagt zu mir:

„Das ist nicht wahr. Der Bauch ist zum Verdauen geschaffen, und die Seele dazu, dass sie schmerzt.

So muss sie also schmerzen.

„Wozu brauche ich eine Seele, die schmerzt?"

„Damit du deinen Kopf zu einem Menschen beugst, der sich selbst für seine Sünden bestraft. Damit du ein Mensch bist. Damit du leidest. Das Schmerzen der Seele ist das Leid. Es kommt von innen, und wie die Seele hat es keine Ursache in der Welt. Es ist das Salz, mit dem ich dich eingesalzen habe, damit du nicht zu stinken beginnst. Auch das Glück ist in der Seele. Die Freude der Seele. Von innen. Auch ohne Ursache. Schmerz und Freude stammen aus der Welt, Leid und Glück hingegen von mir, deinem Gott, der in dir ist und dir eine Seele gegeben hat. Deine Seele und dein Körper werden vergehen, und die Welt wird vergehen, in der dein Körper und deine Seele sind, deine Freuden und Schmerzen, die aus der Welt stammen, doch deine Seele, die dir von mir gegeben wurde, wird ewig sein mit ihrem Leid und Glück.

Wahrscheinlich hat dieser Gott, der in meinem Inneren ist, Recht. Die Welt ist dieselbe, die Tage sind dieselben – weder gut noch schlecht, und an ein und demselben Tag in derselben Welt bin ich glücklich, und an einem demselben Tag in derselben Welt bin ich unglücklich. Die Welt hat sich nicht verändert. Das heißt, das kommt nicht von der Welt.

„Und tut den Tieren die Seele weh? Ist ihnen der Schmerz von innen gegeben? Oder nur von außen? Sind Tiere glücklich oder unglücklich?"

„Nein. Die Tiere hat die Natur geschaffen. Zur Gänze. Ich habe die Tiere nicht aus dem Staub der Erde geformt und ihnen keinen Geist eingehaucht, damit sie sich selber erschaffen. Und sie brauchen keine Seele, um den Geist mit dem Körper zu verbinden. Sie sind nicht nach meinem Ebenbild geschaffen, denn sie sind nicht schöpferisch. Sie leiden nicht, denn das Leid ist für die Seele, der Schmerz hingegen für den Körper. Die Tiere sind nur Körper. Sie fühlen sich gut oder schlecht. Das kommt aus dem Körper. Der Körper friert und fühlt sich schlecht. Die Kälte kommt von außen. Der Körper geht dorthin, wo es warm ist und er sich wohlfühlt. Die Wärme kommt auch von außen. Und die Nahrung. Wenn dem Tier warm ist und es satt ist, so geht es ihm gut. Ein Mensch hingegen, der es warm hat und satt ist, erhängt sich bisweilen. Oder er denkt sich Kunst aus. Die Welt, in der die Tiere leben, ist ihre Ursache. Für die Menschen hingegen stellt sie nur eine Bedingung dar. Denn den Menschen ist das Leid gegeben. Es ist nicht im Fell und nicht im Teller, sondern im Inneren des Menschen. Der Mensch will das Leid vermeiden, um ein glückliches Tier zu sein. Der Natur ist es besser gelungen, die Tiere zu schaffen als mir den Menschen. Der Mensch versucht den Geist, aus dem das Leid kommt, zu ersticken.

Und diejenigen, die ihren Geist kennenlernen wollen, irren im Dunkel umher.

Dieses Umherirren hat kein Ende. Ein Leben lang. Das ist die Reflexion. Das Nachdenken darüber, was man nicht essen kann.

....

„Hab keine Wünsche, die der Welt entstammen. Dann wirst du nicht leiden", sagt Buddha.

Sein Leiden ist ein anderes. Nicht von innen. Aus der Welt.

....

Vielleicht ist das Leid: Wissen, dass es eine Zukunft gibt, die das Ende des Menschen bedeutet, denn sie ist für die Würmer bestimmt. Das Ende bedrückt mich. Gott gab dem Tier den Verstand, damit er den Tod kenne, und das Tier ist Mensch geworden. Der Mensch ist ein Tier, das weiß, dass es sterben wird. Es kann nicht glücklich sein.

Ich fliehe aus dieser Welt, in der es eine Zukunft gibt, in das Bild, in die unveränderliche Welt ohne Zukunft und ohne Ende, die ich für mich selbst gezeichnet habe. Das Bild endet nicht. Dort ist Ewigkeit.

Wäre das Leid nicht, gäbe es kein Bild, gäbe es die aus dem Leid geborene Welt ohne Leid nicht.

Interessant wäre, ob Gott, als er den Menschen nach seinem Ebenbild schuf, in ihn, sein Geschöpf, auch seine eigenen Freuden und Traurigkeiten hineingelegt hat.

„Und Du, mein Gott? Leidest Du? Oder bist Du nur glücklich?"

„Nein. Weder leide ich, noch bin ich glücklich."

„Dann bist Du, mein Gott, ein Tier? Dann hast Du vielleicht nicht den Menschen, sondern das Tier nach Deinem Ebenbild erschaffen?"

„Nein. Denn ich fühle mich auch weder gut noch schlecht, da ich habe keinen Körper. Ich bin Gott. Ich habe dem Tier das Leid gegeben, damit es Mensch werde. Ich habe dem Menschen den Verstand gegeben, damit er das Leid schätze, das ihn zum Menschen gemacht hat, damit das Leid zum Nicht-Leid werde. Dann wird der Mensch nichts fühlen, er wird beides nicht sein – weder glücklich noch unglücklich. Dann wird der Mensch Gott werden. Buddha wusste das."

Es ist langweilig, Gott zu sein. Ohne Schmerz und ohne Leid. Der Schmerz bringt den Zorn hervor, und das Leid die Liebe.

Ein Mensch isst eine Wurst auf, die keine Katze fressen würde, und bekommt Bauchschmerzen. Schuld ist nicht der Bauch, schuld ist die Wurst. Doch nicht der Wurst tut es weh, sondern dem Bauch. Der Mensch gerät in Wut ob dieser Ungerechtigkeit. Er zürnt der ganzen Welt, denn die Wurst, die Schuldige am Schmerz, stammt aus der Welt. Der Schmerz stammt aus der Welt. Aus dem Schmerz entsteht Zorn.

Das Leid kommt von innen. Der Mensch ist selbst schuld, die anderen sind unschuldig, sie sind gut. Die Guten muss man lieben. Aus dem Leid entsteht Liebe. Das Leid lehrt lieben. Das Leid eines geliebten Menschen zu ertragen. Vielleicht ist Liebe das Erleiden des Leides eines anderen Menschen. Denn er hat selbst Leid erfahren. Was er jedoch nicht erfahren hat, kann der Mensch nicht verstehen.

Ich habe versucht, den gekreuzigten Christus zu zeichnen, und es ist mir nicht gelungen, denn ich wurde niemals gekreuzigt. Mein Körper wurde niemals an ein Kreuz geschlagen, war nicht hungrig und erfroren. Er hat die Not nicht gekannt. Die Welt, die nicht Ich ist, ist für mich gut. Zu gut. Ich hatte mehr Möglichkeiten, als ich genutzt habe. Ich habe mehr Bäume gefällt als gepflanzt. Deshalb bin ich dem Leben etwas schuldig. Nicht selten habe ich eine auf die Schnauze bekommen. Einmal habe ich einen Knüppel am Kopf angekriegt und dreimal einen Stein. Deswegen bin ich so weise. Das vierte Mal schlug mir die Mutter meines Freundes mit einem Stein mitten auf die Stirn, dass ich ihren Sohn nicht vom Weg der Tugend abbringe. Es hatte keinen Sinn, ihn vom Weg der Tugend abzubringen, er ging ihn standhaft auch ohne meine Hilfe. Ich wurde für eine Sünde bestraft, die ich nicht begangen hatte, aber viel öfter habe ich Sünden begangen, für die ich nicht bestraft wurde. Wenn ich auf dem Sterbebett liege, werde ich sagen: „Verzeiht mir", aber ich werde nicht sagen: „Ich verzeihe euch." Glaubt mir, ich sage, was ich denke. Das ist keine Pose. Die Menschen haben mir viel mehr Gutes getan als ich ihnen. Die Menschen, die um mich waren – das ist der Acker, in dem ich herangewachsen bin. Ein bescheidenes Blümchen. Und ein zimperliches. Der Verstand sagt mir, dass das Leben für mich ein wunderbares Geburtstagsgeschenk von Gott ist. Nur bin ich nie zufrieden mit den Geschenken, die ich bekomme. Nie. Mir scheint immer, ich hätte bessere verdient und ich bekäme zu wenig davon. Der Mensch ist ein Tier, das nicht genug kriegt. Darum ist er unglücklich. Ich bin unglücklich, ich fühle mich schlecht in dieser Welt, daher bewege ich mich, und jede meiner Bewegungen geschieht deswegen, dass es besser wäre. Und ist es besser, möchte man, es wäre noch besser. Und möchte man das nicht, so möchte man gar nichts. Ich wäre irgendjemand. Das Glück ist ein Augenblick, der besser ist als der vergangene. Ich suche den Augenblick. Finde ich ihn, so bin ich glücklich. Und dann bin ich unglücklich, denn ich will noch glücklicher sein.

Quo vadis, homini?

„Ich gehe dorthin, wo es mir besser gehen wird."

„Hier ist es gut."

„Ich kann nichts damit anfangen, dass es mir gut geht, ich habe es nötig, dass es mir besser geht. Ich habe nie genug."

Der Bocksgesang. Die Tragödie des Menschen. Niemals wird er zufrieden sein, solange er ein Mensch ist. Das Leben stellt ihn nicht zufrieden. Bitter ist das Nichtwissen. Bitter ist das Wissen. Süß ist nur der Schlaf. Der traumlose. „Gott, schick mir einen traumlosen Schlaf, ähnlich dem Tod, damit ich nicht existiere." Die Süße des Nichtseins. Die Bitte um den Tod. Ich beneide meine verstorbenen Freunde. Manchmal.

Sie sind mit allem zufrieden und wollen überhaupt nichts. Das Nirwana. Und ich selbst weiß nicht, was ich will. Das ewige Nichtwissen.

Und Gott sagt mir:

„Du willst leben. Ich habe dir das Leben gegeben wie einen Brei im Schüsselchen. Iss, schluck es in großen Portionen."

„Ich mag nicht. Dein Brei ist schwer verdaulich. Du kannst keinen Brei machen. Im Paradies habe ich einen besseren gegessen."

„Dann mach dir doch selbst einen Brei und verdaue ihn auch selbst. Wenn dich das Leben, das ich dir gegeben habe, damit du in ihm seist, nicht zufriedenstellt, dann bleib nicht darin. Verkrieche dich in dich selbst, Adam, und lebe dort, und dort suche das Paradies. Du wirst die Hölle finden. Du wirst für deine Sünden büßen.

Ja, mein Leben ist von mir selbst für mich selbst geschaffen, misslungen und unerträglich. Die Welt, die in mir ist, in der ich bin, die eben auch ich bin. Dort habe ich es nicht gut. Dort ist das Gewissen. Liebe und Hass gegen mich selbst. So ist die Existenz. Die Kräfte der Anziehung und Abstoßung zerren an mir. So funktioniert der Kosmos. Das Gute und das Böse zerren aneinander. Aus diesem Toben entsteht das Leben, und auch der Mensch kommt aus diesem Toben. Der Mensch will existieren. Sich selbst zerreißen. Um zu sehen, was im Inneren ist. Ich stelle mich so vor den Spiegel, dass ich mir selbst schön vorkomme. Ich habe gelernt, mich selbst zu belügen, ich habe nur nicht gelernt, diese Lüge zu glauben. *Die Arbeit hat aus dem Tier einen Menschen gemacht.* Das ist nicht wahr. Der Wunsch zu arbeiten hat aus dem Tier einen Menschen gemacht. Er hat gelernt zu denken. „Wie kann man auf die Idee kommen. man müsse nicht arbeiten."

Fortschritt bedeutet, so wenig als möglich zu arbeiten und so viel als möglich zu haben. Der Mensch arbeitet, um in der Lage zu sein, nicht zu arbeiten. Das Ziel der Arbeit ist: nicht zu arbeiten. Der Mensch wird geboren, damit er sterbe. Eine Welt, die sich selbst vernichtet. Die Schüler Buddhas leben, um das Leben zu vermeiden, denn das Leben bedeutet für sie Leiden. Sie sind Gott nicht dankbar. Sie meditieren, um sich von dieser Welt zu befreien, doch mir gefällt sie, ich will in ihr sein.

Eine dialektische Triade. Das Leid ist die These. Das Glück die Antithese. Das Leid sucht sein Ende: das Glück. Ist das Glück erreicht, gibt es nichts mehr zu tun. Die Synthese: die Angst. Das Verneinen der Verneinung. Das Glück vernichtet sich selbst. Die Angst wird wieder zu Leid, und alles beginnt von vorne. Vom Leid zum Leid. So ist das Leben. Eine Reise zum Friedhof.

Ich bin unzufrieden mit dem Leben, das ich verdient habe. Selbst schuld. Doch ich tadle nicht mich selbst. Sondern das Leben.

Ich erlaube mir, unglücklich zu sein. Ich schäme mich.

Ich sah eine alte Frau. Sie wühlte ein einem Mülleimer herum und zog ein Plastikgefäß heraus, setzte sich auf einen Stein, legte sich eine weiße Serviette auf die Knie und schabte mit einem Löffel Sahnereste aus dem Gefäß. So eine reinliche alte Frau. Meine Grundschullehrerin. Weiß wie ein Apfelbaum. Ihr Gesicht leuchtete. Es gibt Menschen, deren Gesicht leuchtet. Ohne jeglichen Vorwurf gegen das Leben. Lebendige Augen, nicht verloschen. Der Vorwurf gegen das Leben lässt die Augen verlöschen.

Der schönste Anblick, den ich je gesehen habe. Ich stopfe mir Speisen in den Bauch und erinnere mich immer daran. Jedes Mal. Morgens erinnere ich mich daran. Ich steige nicht dann aus dem weichen Bett, wenn ich muss, sondern wenn ich will, trinke meinen Kaffee ohne Eile, und wenn ich künstlerisch gestimmt bin, zeichne ich ein Bild oder verfasse eine Schrift, ohne mir die Hände schmutzig zu machen. Und die Schwerarbeit sollen andere verrichten. Sollen doch andere Schweine züchten, ich esse sie nur. Woher kommt das? Warum habe ich mich dazu entschlossen? Manchmal überkommen mich vorübergehende Anfälle von Edelmut. Ein krankhaftes Schuldgefühl. Meiner Frau Nijolė bin ich Glück schuldig geblieben, den Kindern ein angenehmes Leben, einem Menschen gegenüber, der mehr arbeitet als ich, jedoch weniger besitzt, fühle ich mich ebenfalls schuldig. Ich sehe einen traurigen Menschen, und mir scheint, ich sei ihm gegenüber schuldig. Ich möchte mich in einen finsteren Winkel verkriechen und Ekel vor mir selbst empfinden. So ist meine Künstlerseele. Die Leute glauben das nicht.

„Hättest du eine empfindsame Künstlerseele", sagen sie zu mir, „so könntest du nicht im Stadtteil Viršuliškės wohnen, in einem seelenlosen Wohnblock und einer seelenlosen Blockwohnung. Schaust du durch dein Zimmerfenster, so siehst du einen anderen seelenlosen Wohnblock und sonst nichts."

„Dann wohnt halt mein Körper in einem Wohnblock, aber nicht ich. Und ich schaue auch nicht aus meinem Zimmerfenster, sondern in mein eigenes Inneres und sehe dort eine unendliche Schönheit", gebe ich zur Antwort.

„Wir wollen die unendliche Schönheit ebenfalls sehen. Zeig sie auch uns."

„Das mache ich ja mein ganzes Leben lang. Macht eure Augen auf."

Ich schreibe und zeichne. Ich verkrieche mich in mich selbst und sehe mich um, vielleicht werde ich zwischen den Gedärmen irgendetwas Wertvolles finden. Und ich finde dort sehr schöne Bilder und Schriften. Doch sie bewundern kann nur ich allein, wenn ich in mein Inneres blicke. Ich möchte aber, dass auch andere diese Bilder sehen und diese Schriftchen lesen. Ich will bewundert werden. Ich lechze nach Lob und Beifall. Wenn ich gelobt werde, fühle ich mich ziemlich dämlich, und deswegen geht es mir sehr gut. Ich will im Zentrum der Aufmerksamkeit stehen. Ich bin ein Mensch. Der Mensch kriecht aus dem Bauch und schreit. Er ist satt, hat es warm, nichts tut ihm weh, doch er schreit so laut er nur kann. Kaum geboren ist er schon unglücklich? Nein. Er verlautbart eine gute Neuigkeit: Schaut alle her und seht: Hier bin ich, das Zentrum des Weltalls. Die Krone von Gottes Schöpfung, der man die Windeln wechseln muss. Verliert nur nicht die Sprache vor Entzücken. Wenn die Tiere aus dem Bauch gekrochen sind, schweigen sie. Sie sind bescheiden. Sie bekleckern sich nicht. Man muss ihnen nicht die Windeln wechseln.

Mir muss man die Windeln wechseln. Ich schreie. „Bewundert mich." Sie bewundern mich nicht. Und mir gebührt es auch nicht. Aber *enjoy yourself* auf dieser Reise, die man das Leben nennt. Ich betrachte meine Bilder und freue mich nicht über die Bilder, sondern über mich, der ich so schöne gezeichnet habe. Ich bewundere mich selbst bis zum Überdruss. Ich lese meine Schriften und delektiere mich daran, bis ich Durchfall bekomme. Von diesen Zeichnungen und Schriften. Und von mir selbst. Deswegen möchte ich manchmal dem Glück der Selbstbewunderung entsagen, um zu wissen, wer ich bin. Um die Schwere des Kreuzes zu spüren.

....

„Sieh ein verendendes Tier an, um der Wahrheit ins Gesicht zu blicken. Damit du dich selbst siehst. Deine letzten Zuckungen. ...*selig, die ihr jetzt weint...* Weine, Mikalojus, und freue dich deiner Tränen."

„Von den Tränen ist nichts mehr übrig."

Meine ersten Erinnerungen. Meine Nächte bei Schlaflosigkeit, wenn um mich nur Dunkelheit und das Leben nur das, was im Inneren ist, das eben ich selbst bin, nackt, nicht verborgen, es drückt mich nieder mit seiner Wahrheit, es stürzt auf mich, vergewaltigt und befruchtet die Seele mit einem Schmerz, der anschwillt und keinen Platz mehr findet wie die Frucht im Mutterschoß. Schwanger von sich selbst. Zeit zu gebären. Wieder Bilder und Schriften. Gebären ist schwer. Dazu beginnt noch diese leise Stimme in meinem Inneren manchmal in der Nacht zu sprechen. Wenn ich anfange zu denken, ich sei mehr wert als andere und unendlich talentiert, sagt sie zu mir: „Lies den Dichter Sigitas Geda und du wirst begreifen, dass dein Talent begrenzt ist. Schau dich selbst an und greif dir an den Kopf. Ertrage dich selbst nicht. Ertrage deinen Nächsten nicht, wie du dich selbst nicht erträgst." Es gelingt mir nicht. Ich ertrage meine Nächsten. Alle. Und mich selbst auch.

„Gott, ich hege gegen niemanden Hass. Nicht deswegen, weil ich gut, sondern weil ich gleichgültig bin. Alle meine Misserfolge sind mein Verdienst. Ich habe niemanden, auf den ich böse sein könnte. Die Wahrheit über mich selbst kenne ich nicht. Ich habe keine Feinde, die sie mir sagen würden. Ich habe gelesen, dass nur schwache Menschlein keine Feinde haben. Gib mir einen Feind, dem ich nicht gleichgültig bin und den ich nicht ertrage. Damit ich ein Mensch bin und kein kleiner Mann."

„Öffne deine Ohren und höre", so sprach Gott. „Ich habe dir einen Feind gegeben – dich selbst. Du bist dein eigener Feind.

Verwüste dich selbst, friss dich auf und kotze dich aus wie ein Gift aus dir selbst. Nenne das Kunst, denn deine Kunst ist von dieser Art. Das mache ich auch. Ich esse Speck, und der Speck wird zu meinem Körper. Zu mir selbst. *Ich ernähre mich mit meinem Körper.* Ich fresse meinen Speck und alles, was um mich ist. Alles sauge ich in mich ein, wie ein schwarzes Loch. Was ich einsauge, wird auch zu mir selbst und kriecht aus mir heraus als Schriften und Bilder.

Gedanken, die ich gehört habe, werden zu meinem Verstand. Von dort kommen meine Betrachtungen. Aus der Welt neben mir, die in mich eingedrungen ist. Aus der endlosen Welt kommt ein endloses Gerede. Immer über dasselbe. Ich singe ständig dasselbe Lied. Mich interessiert nicht, was begonnen hat und enden wird. Interessant ist, was nicht begonnen hat und nicht enden wird. Ich sage, was ich bereits gesagt habe. Ewige Themen, darum kann man auch ewig sprechen. Über diese Angelegenheiten, die mir wichtig sind und auf die der Mensch nicht nur eine einzige Antwort erhalten hat. Daher gibt es viele Antworten. Für diejenigen, die unterwegs sind, führen alle Wege zur Wahrheit. Zu einer traurigen Wahrheit über einen selbst und zu einer schmerzlichen Wahrheit über das Leben. Würde jemand bis zu ihr gelangen, verstünde er, dass er gar nichts versteht. Der Gipfel des Verstandes, den nur Sokrates erreicht hat.

Wer ist so klug, dass er seine eigene Dummheit verstehen könnte?

Das schreibt Matthijs van Boxsel in seinem Buch „Die Enzyklopädie der Dummheit".

Mir steht noch ein weiter Weg bis zur Wahrheit bevor, denn ich glaube, dass mein Verstand nicht meinem Alter entspricht. Zu diesem Entschluss bin ich mit siebzig gekommen. Ich verfasse meine Schriften, als wollte ich sagen: Schaut her, wie klug und weise ich bin. Wäre ich wirklich klug und weise, so wüsste ich, dass ich ein Dummkopf bin, und würde nicht schreiben. Was kann denn ein Dummkopf schreiben, das einen Wert hätte? Früher habe ich auch nicht geschrieben. Ich war nicht klüger. Ich hatte nur keine Zeit. Meine Beschäftigung und mein Lebensziel war es nicht zu schreiben, sondern die Zehn Gebote Gottes zu brechen. Ich hatte eine interessante, sinnvolle und kreative Arbeit. Danach wurde ich älter, verlor meine Kräfte, und diese Arbeit wurde mir zu schwer. Ich habe nicht mehr die Kraft, auf Abwege zu geraten. Bringt mich ab vom Pfad der Tugend.

Ich versündige mich nur in der Phantasie. Ich habe begonnen, Vater und Mutter zu ehren, denn ich begreife, dass ich nicht besser bin als sie. Ich giere nicht mehr nach fremdem Besitz, denn mir ist schon der eigene mehr als genug. Fremdzugehen ist mir nie gelungen. Ich gehe nur mit einer Frau. Früher war das mein Glück, doch jetzt eine Enttäuschung von mir selbst. Wenn ich mich überfresse, tut mir der Bauch weh. Ich betrinke mich, aber ich bin schon nicht mehr glücklich. Zu Neujahr nehme ich Medikamente ein, anstatt Sekt zu trinken. Die Welt um mich herum verachte ich, denn ich habe nicht mehr die Kraft, die Freuden, die sie bietet, zu genießen. „Nichtige Freuden", sage ich, denn sie sind für mich unerreichbar. Wären sie erreichbar, würde ich sie schätzen. Die sauren Trauben. So bleibt die Innenwelt. In ihr lebe ich und warte. Ich weiß nicht, ob ich noch etwas zu erwarten habe. Nur die Einsamkeit. Das Leben. Eine Reise in die Einsamkeit. Ich bin ein Mensch. Das Ideal von Buddha und Seneca: Ein Mensch, der nichts begehrt, niemanden liebt, gegen niemanden Hass empfindet, nichts hat, an das er gebunden wäre, und deshalb nichts zu verlieren hat und daher auch nichts fürchtet. Für sie heißt das leben. Für mich aber heißt das, nicht zu leben. Ich habe mein Ich. Ich bin sehr an mein Ich gebunden, ich liebe es, empfinde Hass dagegen und will es nicht verlieren. Dieses Ich ist meine Begierden und meine Ängste. Mein Glück und mein Unglück. Und noch das, was ich nicht brauche. Nur manchmal scheint mir, dass das Leben in so weite Ferne gerückt ist, dass es das Beste wäre, mir selbst gegenüber ein fremder Mensch zu werden, der mich nichts angeht und gegen dessen Schmerzen ich gleichgültig bin. Dann wäre ich stark. Leblos. Buddhas und Senecas ideale Menschen sind leblos. Sie vermeiden das Leben, das Schmerzen bringt. Die Lebensverneinung. Der Traum müder Menschen. Offenbar haben sie mehrere Leben gelebt. Sie sind überdrüssig geworden. Doch ich lebe zum ersten Mal. Ich bin noch ein Kind, für mich ist es interessant. Überhaupt sind die Europäer noch jung. Ich bin ein Europäer. Ich bin noch nicht müde vom Leben. Die Religion der Buddhisten mit ihren langen Ohrläppchen ist mir fremd. Sie können auf keine Weise gut leben. Eine Philosophie alter Menschen. Ich will zwischen Heiß und Kalt leben, damit der Wind weht. Dass er die Seele durchlüfte. Ich will auf die Top 10-Liste des Lebens kommen. In die goldene Mitte von Aristoteles. Die laue Mitte der Körpertemperatur der Buddhisten ist nichts für mich und, nach meinem Verständnis, nichts für das junge und törichte christliche Europa. *Aber weil du lau bist und weder heiß noch kalt, speie ich dich aus meinem Mund.*

Es lohnt sich, die Lebensfreude von den Schweinen zu lernen. Wenn ich Schweinen beim Fressen zusehe, beobachte ich das Glück und will selbst zum Trog stürzen, den Kopf bis über die Ohren in das Glück im Trog eintauchen und den Geschmack und Geruch des richtigen Lebens einsaugen. Das mache ich auch. Schließlich habe ich die selige Disharmonie mit mir selbst und der Welt erreicht. Strom fließt durch meinen Körper und meine Seele. Ich will, dass es schmerzt und dass der Schmerz aufhört. Dass der Schmerz Freude macht. Diese Ebene will ich erreichen. Ich will ein fremder Mensch für mich selbst sein. Meinem Körper gegenüber erfülle ich die Pflicht, ich füttere ihn mit Delikatessen und wärme ihn, damit er mich in Ruhe lässt. Ich will nicht ein Ich sein, das in der Seele des Alls zerschmilzt und sich verliert wie ein Regentropfen im Ozean. Besser mein Ich ist in der Hölle als es existiert überhaupt nicht. Wenn Gott meinem Ich den Wunsch zu sein gegeben hat, warum muss sich mein Ich dann von diesem Willen befreien? Geschenke Gottes. Ich will Angst haben, zornig sein, beneiden, leiden, lieben, hassen, lachen, weinen und enttäuscht werden. Das heißt, dass ich ein Mensch sein will, denn Gott hat mich als Mensch geschaffen, und nicht als Leiche, und, Dank sei ihm, als unglücklichen Melancholiker. Daher kann ich den faden Zustand nicht ertragen, wenn ich sagen kann: Ich bin glücklich. Ich triefe von Fett. Ich will unglücklich sein, um glücklich zu sein. Ich will leiden. Das Leid ist der Same, aus dem das Glück wächst. Die Liebe und das Schaffen. Immer aus dem Leiden. Aus dem Hass gegen sich selbst und das Leben. Aus dem Schmerz, der bedeutet, dass ich lebendig bin.

Vielleicht lebendig. Manchmal zweifle ich daran. Mein verstorbener Freund hat mir im Traum gesagt, ich sei auch gestorben. Der Traum war so realistisch, dass ich nicht wusste, dass ich träumte. Normalerweise weiß ich das. Ich fuhr mit einem modernen Autobus Nr. 26 und sah meinen verstorbenen Freund, der, als er am Leben gewesen war, hundertsiebzig Kilogramm gewogen hatte. „Warum fährst du mit dem Autobus?", fragte ich ihn. „Du bist doch tot." „Du bist auch tot", gab er mir zur Antwort. Ich blickte mich in der Umgebung um. Im Autobus sah ich noch einige meiner verstorbenen Freunde. Wenn mein einhundertsiebzig Kilogramm schwerer Freund Recht hat, dann gibt es keinen Tod und der Mensch ist ewig. Und der Schmerz ist ewig.

Wenn ich nicht träume, bin ich in meinem Zimmer. Vier Wände. Ein Fenster mit zugezogenen Vorhängen. Jenseits des Fensters ist eine Welt, die mir fremd ist. Ich bin angekommen. Bleibt nur das Ende. Und die düstere Hoffnungslosigkeit. Und der Wunsch, den Worten des Evangelisten Johannes Glauben zu schenken: *Wer sein Leben liebt, wird es verlieren, und wer sein Leben in dieser Welt nicht erträgt, wird es retten für das ewige Leben.* Ich will das ewige Leben wert sein. Ich will das Leben in dieser Welt nicht wie ein Übel ertragen. Doch dem Herzen kann man ja keine Befehle erteilen.

Ich liebe dieses Übel, das mir gegeben ist. Schrecklich, es zu verlieren.

Ich bin ein alter Mann. Ein Übel im Übel. Noch immer versuche ich zu leben. Um zu leben und das Leben zu spüren, muss man sich sehr oft schrecklich verhalten. Manchmal kann man mein Verhalten als schuftig, gemein und tierisch bezeichnen. Meine Angehörigen leiden darunter. Doch mir geht es gut. Tief im Inneren empfinde ich eine schreckliche Genugtuung – ich bin wichtig, sie leiden meinetwegen. Nicht meine Feinde, sondern diejenigen, die mich lieben. Die Genugtuung eines schwachen Menschen.

Ich verhalte mich schlecht, um mich wohl zu fühlen.

„Glücklich bin ich nur, wenn ich betrunken bin oder mich verhalte wie ein Lump oder wie der letzte Idiot. Gott, warum hast Du mich so erschaffen? Warum, mein Gott, hast

Du mich als einen schlechten Menschen erschaffen, dem es schlecht geht? Warum hast Du mich nicht als einen guten Menschen erschaffen, dem es gut geht?"

„Ich habe dich, Mikalojus, als einen schlechten Menschen erschaffen und dir den Verstand gegeben, damit du deine Schlechtigkeit siehst und sie in dir erstickst und dich selbst erstickst, denn die Schlechtigkeit kommt von dir, aber nicht von mir. Sei eine Leiche und du wirst niemandem etwas Böses tun. Geh wie eine Katze an einen unwirtlichen und einsamen Ort, in dich selbst, und stirb. Es wird weder für dich selbst schmerzhaft sein noch wirst du anderen Schmerzen zufügen. Du wirst die östliche Vollkommenheit erreichen. Du wirst es guthaben.

Ich fühle mich bereits wohl. Ich bin schon fast eine Leiche. Ich betrete einen Raum, und die Leute ehren mich mit einer Schweigeminute. Ich habe das Lebensziel erreicht: das Glück. Ich empfinde kaum noch einen Schmerz. Doch warum quält mich Gott schon siebzig Jahre lang? Warum hat er mich denn nicht gleich als Leiche erschaffen?

„Gott, Du hast mich aber nicht als Leiche erschaffen. Warum, mein Gott, warum peinigst Du mich mit einem Leben, in dem ich nicht glücklich bin und diejenigen, die um mich sind, nicht glücklich sind?"

„Ich habe mich schuldig gemacht. Ich werde dich nicht mehr peinigen, Mikalojus. Diejenigen, die um dich sind, werden glücklich sein. Und du wirst glücklich sein, denn du wirst alles haben, wonach du dich sehnst. Ich werde dir Jugend, Besitz und Schönheit geben. Die Frauen werden dich lieben. Nachts wirst du schlafen. Du wirst nur keine Bilder zeichnen und keine Schriften verfassen, denn sie kommen aus der Schlaflosigkeit."

„NEIN!"
Aha. NEIN! Ich benötige Besitz, Schönheit und Jugend. Die Liebe der Frauen benötige ich nicht. Das Glück benötige ich nicht. Ich benötige mich selbst. Mein ICH benötige ich. ICH bin meine Bilder und Schriften. Das ist es, was ich benötige.

Wozu habe ich das Leben nötig? Was kann es mir geben? Alter und Krankheit? Das hat es mir schon gegeben. Ich sage immer, dass der Mensch den Tod kennt, daher ist er unglücklich. So ist es. Viel Schmerz und Sehnsucht ist uns gegeben. Wir sind reich.

GENESIS

Gott hat gelitten. Aus dem Leid kommt die Schöpfung.
Aus dem Leiden Gottes ist die Welt geschaffen.

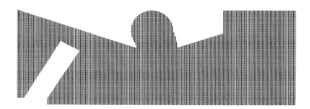

„Gott, was ist die Welt und warum hast Du sie erschaffen?
Und wozu ist das Leben gut?"
„Das geht dich nichts an."

Der Mensch kriecht aus dem Bauch heraus, sieht die Menschen um sich und beginnt vor Entsetzen zu schreien. Er sieht die Welt. Das Leben beginnt. Das Leid. Endet das Leben, so endet das Leid. Hurra. Das alte Lied.

Wenn ein Mensch Schmerz empfindet, werden seine Augen dunkel. Man sagt, eine Fliege empfinde keinen Schmerz. Ich weiß nicht, woher diejenigen, die es sagen, das wissen. Warum weint eine Fliege? Ihre Augen sind dunkel.
Ich habe gesehen, wie eine Fliege in ein Spinnennetz geriet. Die Spinne eilte zu ihr hin, fesselte sie und machte sich leidenschaftlich an ihr zu schaffen. Danach zog sie sich zurück. Die Fliege weinte einige Minuten lang schmerzlich, immer

leiser und leiser. Und verstummte. Da eilte die Spinne zu ihr hin und machte sich wiederum leidenschaftlich an ihr zu schaffen. Ich begriff nicht, was vor sich ging. Später brachte ich in Erfahrung, dass sich eine Spinne auf die Fliege stürzt, ihren Magensaft in sie spritzt, und die lebendige Fliege wird von innen heraus verdaut. Lange Zeit. Bis sich ihre inneren Organe im Magensaft der Spinne auflösen. Und dann saugt die Spinne nicht leidenschaftlich, sondern gierig die verdauten inneren Organe der Fliege ein. Zurück bleibt nur die Hülle. Die Spinne ist nicht schuld. Gott hat sie so geschaffen.

Männer, deren Gesichter vor Sattheit und Selbstzufriedenheit glänzen, gehen so mit ihren Ehefrauen um. Männer sind Spinnen. Sie fressen sie, verdauen sie von innen, lassen sie nicht das sein, wozu sie geschaffen sind, und die Frauen sterben. Sie sprechen, essen, gehen barfuß über die Wiese, doch ihre Augen sind leer. Sie träumen nicht mehr. Sie existieren nicht mehr. Nur traurige Schatten. Die glänzenden Männer. Sie haben nicht erfahren, dass es im All außer ihrem Bauch auch irgendwelche anderen Werte gibt. Sie haben keine Zweifel. Sie schlafen den süßen Schlaf des Gerechten.

Diejenigen hingegen, die nachts nicht schlafen, fressen nicht die anderen, sondern sich selbst auf.

Den anderen auffressen oder sich selbst. Zwei Lebensweisen in der von Gott geschaffenen Welt.

Gott ... *betrachtete alles, was er gemacht hatte, und sah wirklich, dass alles sehr gut war.*

Mein Gott, wie *sehr gut* es doch für die von mir beschriebene Fliege ist.

Wenn der allmächtige Gott eine solche Welt erschaffen hat und ihm scheint, sie sei gut, so ist Gott, nach meiner Auffassung, ein Narr. Und da glaube ich dann auch, dass Er den Menschen nach seinem Ebenbild erschaffen hat. Sogar wenn ich in den Spiegel schaue, glaube ich das. Und außerdem glaube ich, dass ich eine bessere Welt erschaffen würde als die, die der allmächtige Gott erschaffen hat. In meiner Welt gäbe es kein Leid, alle wären völlig glückliche Idioten, die ein ganzes Leben lang einen einzigen Glückszustand erfahren würden. Die Menschen wären vollkommen, sie hätten nichts, denn nichts würde ihnen fehlen. Es kann keine Vollkommenheit geben, der es an irgendetwas fehlt. Alle wären gleichförmig, denn die Vollkommenheit kann nicht in verschiedenen Formen existieren, weil dann eine Vollkommenheit vollkommener wäre als die andere. Ich würde nicht Menschen schaffen, sondern stinkende, reglose, mit sich selbst zufriedene poikilothermische Fleischstücke, denen weder heiß noch kalt wäre. Der von mir geschaffene Mensch wäre kein *Homo sapiens*, sondern ein *Homo sciens*. Die Vollkommenheit kann nicht irgendetwas nicht wissen. Die Wissenden brauchen keinen Verstand. Ich würde eine Welt ohne Verstand schaffen, in der auch die Sprache überflüssig wäre, denn alle wüssten alles und es gäbe nichts, worüber man sprechen kann. So wäre die von mir geschaffene Welt.

„Gott, bist Du vollkommen? Bist Du allwissend?"
„Ja."
„Dann brauchst Du keinen Verstand. Der Verstand ist für die Unwissenden, damit sie wissend werden. Hast Du keinen Verstand?"
„Ich habe keinen Verstand. Ich habe auch kein Gehirn. Ich bin ein hirnloser Alter, der einem Schneemann gleicht. Aber ich würde eine bessere Welt schaffen als du, der Gehirn und Verstand besitzt. Nicht aus dem Verstand werden Welten geschaffen. Und die Liebe, das Glück, die Schönheit und al-

les, was die Seele braucht, wird nicht aus dem Verstand geschaffen. Mikalojus, du hast eine Welt geschaffen, die noch schlechter ist als die von mir erschaffene. Schaffe keine weiteren Welten."

Gott hat Recht. Ich habe einen schöpferischen Misserfolg erlitten. Es ist nicht leicht, eine vollkommene Welt auch nur in Gedanken zu erschaffen. Solange ich es nicht versucht hatte, wusste ich das nicht.

Ich werde keine Welten mehr schaffen. Ich habe keine Erfahrung. Weiß ich etwa besser als Gott, wie man Welten erschafft? Und ich werde sie nicht einmal vervollkommnen. Kann denn ich, der ich nicht vollkommen bin, die vom vollkommenen Gott erschaffene Welt vervollkommnen? Ich glaube, dass es Gott gibt, nur kenne ich ihn nicht und weiß nicht, wozu er mich erschaffen hat, was ich tun und wer ich sein soll unter der Sonne. Und ich beneide diejenigen nicht, die wissen, wie Gott ist und wie man leben muss, um ihn zufriedenzustellen. Ich glaube den Wissenden nicht. Woher kommt dieser Hochmut? Und ich glaube auch mir selbst nicht. Ich weiß nicht, wie ich leben soll, um verehrt zu werden. Daher überlege ich ständig, warum Napoleon verehrt wird. Was hat er den Menschen Gutes getan? Viele Menschen sind zu Tode gekommen, viele Menschen mussten seinetwegen leiden. Er hat eine Niederlage erlitten. Frankreich hat er beinahe zerstört. Doch die Menschheit bewundert ihn und eine große Anzahl von Idioten hält sich für Napoleon, aber nicht für Pasteur. Doch Pasteur hat eine Unmenge von Schafen und Menschen gerettet. Und es gibt keinen einzigen Idioten, der Pasteur wäre. Überhaupt kennen Pasteur nicht viele. Denn Gott hat den Menschen erschaffen, damit er lebe, und nicht, damit er das Leben von Schafen rette. Napoleon hat gelebt.

Ein großartiges Leben, zwischen Hochmut und Fall, zwischen Glückseligkeit und Leid, wie ein Blitz zwischen Himmel und Erde. Das von Gott gegebene Leben hat er in einem Zug ausgetrunken. Er hat es mit allen Gedärmen, Hörner und Nägeln, mit aller Süße und Bitterkeit aufgefressen. Gott sprach zu ihm: „Ich habe dir das Leben geschenkt und du hast mein Geschenk nicht zurückgewiesen. Du hast gelebt. Daher wirst du von Frauen und Männern verehrt werden."
Das Leben nicht zu leben ist die größte Sünde.

Wenn ich an Napoleon denke, ist es als hörte ich Gott, der zu mir spricht:
„Höre mich, Mikalojus! Ich habe dir den Lebensatem in die Nase eingehaucht, damit du lebst. Ich habe dir ein Geschenk gegeben: das Leben. Weise mein Geschenk nicht zurück. Lebe und du wirst mich zufriedenstellen. Ich habe für dich die Zehn Gebote in Stein gemeißelt, damit du nicht selbst denken musst, damit du weißt, was mein Wille ist und ihn erfüllst. Dann bist du ohne Sünde und wirst kein Leid erfahren. Du wirst satt sein und es warm haben. Und du wirst atmen. Doch vielleicht bist du, Mikalojus, voller Hochmut, dass du danach lechzt, selbst Gott zu sein, die Freiheit zu haben und so zu leben, wie du selbst willst, aber nicht so, wie ich will, dass du lebst. Vielleicht bist du unzufrieden mit dir selbst, so wie ich dich erschaffen habe?"
„Ja, ich bin unzufrieden mit mir selbst, so wie du mich erschaffen hast. Gib mir einen freien Willen, lasse zu, dass ich von ihm Gebrauch mache, und ich werde mich als einen Besseren erschaffen, als Du mich erschaffen hast. Du hast mir das Leben geschenkt, daher ist es meines, es gehört mir und nicht Dir. Ich werde mir meine eigenen zehn Gebote meißeln."

„Gut. Ich gebe dir die Freiheit, doch deine Freiheit wird schrecklich sein. Du wirst kein Glück haben. Du wirst in die Irre gehen, dich verfehlen und leiden. In der Freiheit liegt Leid. Ein nicht von mir, sondern von dir geschaffenes. Du wirst selbst verantwortlich sein für dein Verhalten. Dann wirst du mich nicht fragen: ‚Warum, o Gott, hast du zugelassen, dass ich mich schlecht verhalte, warum hast du mich nicht aufgehalten? Warum hast du meine Hände nicht zurückgehalten? Warum strafst du mich so schrecklich?‘ So wirst du nicht fragen, denn nicht ich habe zugelassen, dass du dich schlecht verhältst, sondern du selbst, weil du frei bist. Und nicht ich strafe dich, sondern du selbst strafst dich. Du bist dir selbst eine Strafe. Denn ich habe dir nicht nur die Freiheit gegeben, sondern ich habe dir, Mikalojus, auch ein Herz gegeben, damit du fühlst, was dich erwartet, und dass dir bei diesem Gefühl schwindelt vor Entsetzen. Ich habe dir den Schmerz in deinem Inneren gegeben, damit du ihn in den Augen anderer Menschen erkennst. Du wirst nicht glücklich sein können neben unglücklichen Menschen. Du kannst nicht satt sein und es warm haben, denn du wirst einen üblen Geruch annehmen und selbst bemerken, dass du stinkst. Du, mein Sohn, wirst auch so leben wie mein Sohn, der das Kreuz getragen hat.

Mein Gott hat Menschen erschaffen, die spüren, dass es sie gibt. Das heißt, dass es sie wirklich gibt, denn man kann kein Gefühl empfinden, das es nicht gibt. Mein Gott hat den von ihm geschaffenen Menschen das Leben gegeben, dessen Synonym Leiden und Hoffnungslosigkeit ist. Sie wissen nicht, was das Leben ist, daher wissen sie nicht, dass sie leben, sie wissen nur, dass sie sterben werden. Mein Gott hat Menschen erschaffen, die sterben, und Träume ohne Hoffnungen, die ebenso sterben werden. Und Mütter, deren Kinder sterben. Alle. Er hat den Tod geschaffen.

Mein Gott betrachtete alles, was er gemacht hatte, und sah, dass er das Böse geschaffen hatte. Da bestrafte er sich selbst. Er schlug sich ans Kreuz. Um seine Schuld zu sühnen. Das war nicht die Opferung eines Unschuldigen für die Sünden der Schuldigen.

....

„Ich bin der allmächtige Gott. Ich kann vergeben und ich kann strafen. Komm winselnd zu mir, wirf dich auf die Knie, bete, dass ich dir die Sünden vergebe, die du begangen hast. Lecke mir die Füße wie ein Hund, damit ich dich nicht bestrafe."

„Ich werde mich nicht vor Dir auf die Knie werfen und Dir nicht die Füße lecken, mein Gott. Ich werde der Strafe nicht entgehen, wie auch Du ihr nicht entgangen bist. Du hast mir die Freiheit gegeben und den Verstand, damit ich weiß, wie ich mit der mir gegebenen Freiheit umgehen soll. Ich treffe die Entscheidung. Eine solche Macht hast Du mir gegeben. In meiner Welt bin ich die *causa prima* meiner selbst und meiner Handlungen. Mit Recht sagen die Polen: *Schwer ist das Leben eines Trinkers, aber ehrenhaft.* Wenn sich ein Trinker besäuft und am Tag darauf leidet, so beschuldigt er sich selbst und nicht Gott. Er gibt mir ein Beispiel. Ich bin für meine Handlungen und ihre Folgen selbst verantwortlich, weil ich mir die Freiheit erkämpft habe. Wenn jemand meinetwegen leidet, so bedeutet das, dass ich nicht im Recht bin, sogar wenn ich völlig im Recht bin."

„Ich bin unglücklich, und du bist daran schuld. Mit diesem Knüppel rüttle ich dich wach."

„Danke, Mensch mit dem Knüppel in der Hand. Du hast mich bestraft und mich von der Sünde befreit. Selbst würde ich mich viel strenger bestrafen. Ich müsste mich selbst von der Sünde befreien, als zöge ich mir selbst einen schmerzenden Zahn.

Vergebt und euch wird vergeben werden. Ich vergebe nicht und ich möchte nicht, dass mir vergeben wird. Ich richte und werde gerichtet werden. Bestraft mich."

„Deinetwegen haben diejenigen gelitten, die dich lieben, Mikalojus. Du bist schuldig geworden. Doch eine Frau, die zwanzig Jahre nicht gelacht hatte, lachte, als sie neben dir war. Daher vergebe ich, dein Gott, dir die Sünden, obwohl du nicht darum gebeten hast."

ZWEIERLEI ADAM

Ich wäre gut, ich weiß nur nicht, was das Gute ist.

Adam kostete die verbotene Frucht vom Baum der Erkenntnis zwischen Gut und Böse. Er hat nur abgebissen. Der Bissen blieb in Adams Kehle stecken.
Dort steckt er bis heute. Der Adamsapfel. Adam hat nur erfahren, dass es das Gute und das Böse gibt. Aber er hat weder das eine noch das andere erkannt.

„Bestrafe mich nicht, Gott, denn ich weiß nicht, ob das, was ich tue, gut oder böse ist. Ich erkenne das Gute und das Böse nicht, ich weiß nur, dass es das Gute und das Böse gibt. Lass mich die einzige Wahrheit erkennen, damit mich die Endlosigkeit der Wahrheiten nicht in Stücke reißt. Ich habe Schmerzen und leide. Ich weiß nicht einmal, was für mich gut und was böse ist."
„Du kennst das Gute und das Böse nicht, aber ich habe dir den Verstand gegeben, damit du es erkennst. Ich habe dir mehr Gehirn gegeben als dem Elefanten, doch du benutzt es nicht. Du weist mein Geschenk zurück. Dies ist deine erste Sünde. Sie wird die ganze Zeit in dir glühen. Schwarz und hoffnungslos wird deine Schlaflosigkeit sein."
„Mein Gott, Du hast Unrecht. Einen kleinen Teil des mir von Dir geschenkten Gehirns benutze ich. Damit ich meinen Nächsten auffressen kann.

Gott hat den Menschen erschaffen, damit der Mensch lebe. Leben ist Leiden. Gott hat den Menschen erschaffen, damit er leide.

So denken die Philosophen, die mit dem Verstand Bestraften. Charakterisierungen des Lebens, die ich bei der Lektüre philosophischer Bücher gefunden habe:

Das Leben ist Leiden.

Das Leben ist eine Krankheit.

Das Leben ist Hoffnungslosigkeit.

Das Leben ist Pflicht.

Das Leben ist Geschäfte machen.

Das Leben ist ein lange währender Tod.

Das Leben ist ein Übel. Die Entfaltung der Wahrheit im Menschen, um es mit den Worten von Sokrates zu sagen.

Der Tod kommt und das Leben mit all seinen Synonymen endet.

Man sagt, die allerunglücklichsten Menschen sind diejenigen, die nachdenken.

Die der Wahrheit nahe sind. Die Philosophen. Für Buddha ist das Wesen des Lebens Leiden. Für Sokrates ist das Leben eine Krankheit. Für Kierkegaard ist das Leben Hoffnungslosigkeit. Die Menschen fliehen vor Leiden, Krankheit und Hoffnungslosigkeit. In ein gezeichnetes Bild, in die Arbeit, in die Masse, zur Flasche. Das Leben ist eine Flucht vor dem Leben. Doch die Verallgemeinerung führt zu nichts. Buddha, Sokrates und Kierkegaard sollten nicht von sich selbst ihre Schlüsse ziehen. Wenn Gott sie mit dem Verstand bestraft hat, so wird es wohl einen Grund dafür geben. Die Mehrzahl der Menschen freut sich am Leben. Und es sieht nicht danach aus, dass sie sich verstellen. Es gibt Menschen, die sagen, dass sie glücklich sind, doch ihre Augen sind traurig. Doch es gibt viele Menschen, die tatsächlich glücklich sind, wenn ihnen der Bauch nicht weh tut. In ihren Augen ist nichts, nur Selbstzufriedenheit. Die Grundbedingung für Glück und das Grundmerkmal eines Dummkopfs. Gesunde Menschen.

Sie leiden nicht am Leben. Sie leben nicht, denn sie denken nicht nach, keine Spur von *cogito*. Wozu hätten sie das nötig? Sie wissen, wie man auf dieser Erde sein muss, denn Gott verlieh ihrem Dasein die einfache und vollkommene Form eines gleichseitigen Dreiecks: essen, schlafen und sich entleeren. Ihr Glück ist in ihren vollkommenen Bäuchen. Sie sind glücklich. *Fortunae filius*. Sie sind vollkommen, daher brauchen sie sich nicht zu vervollkommnen. Doch die Affen, die mit sich selbst nicht zufrieden waren, wie Gott sie geschaffen hatte, dachten sich Steinäxte aus und fertigten sie an. Mit ihnen gelang es besser als mit bloßen Händen und Füßen, den anderen Affen die Köpfe zu spalten. Dafür wurde den Affen der Titel *Homo sapiens* verliehen.

Es gibt zwei Menschenarten: den klugen (*Homo sapiens*) und den glücklichen Menschen (*Fortunae filius*).

Die beiden Arten unterscheiden sich sehr stark, daher drängt sich der Gedanke auf, dass Gott nicht einen, sondern zweierlei Adam geschaffen hat, die Vorfahren zweier Menschenarten.

Aus dem Staub der Erde machte Gott den Ersten Adam, damit der Erste Adam glücklich sei. Gott hätte doch den Ersten Adam nicht dazu geschaffen, dass er unglücklich sei. Dem Glück wollte Gott die Gestalt des Menschen zuteilwerden lassen. Derjenige ist glücklich, so nahm Gott an, dem es an nichts mangelt. Adam fehlte es im Paradies an nichts. Er brauchte nicht nach dem Ziel, dem Glück, zu suchen, es war ihm gegeben. Nichts war um ihn, womit er nicht zufrieden gewesen wäre. Unerfüllte Wünsche gab es nicht, daher gab es keine Enttäuschung, und Hoffnung war überflüssig. Es gab keine Träume. Es gab weder Leid noch Schmerz. Der Mensch bewegt sich von einem Ort weg, denn er glaubt, an einem anderen Ort ginge es ihm besser. Adam brauchte sich nicht zu bewegen, denn einen besseren Ort als das Paradies gab es nicht. So dachte Gott. Doch Adam fehlte etwas, das fehle. Adam war langweilig. „Wie langweilig, glücklich zu sein, und wie lustig, unglücklich zu sein", dachte Adam. Er schlenderte mit gesenktem Kopf durch das Paradies. „Warum schlendert er mit gesenktem Kopf durch das Paradies?", wunderte sich Gott. „Was braucht er denn noch? Vielleicht Eva?" Gott schuf Eva für Adam, doch Adam wusste nichts mit ihr anzufangen. Eva dachte: Er weiß nichts mit mir anzufangen. So ein Schafskopf. Ich werde ihm von der verbotenen Frucht vom Baum der Erkenntnis geben, damit er es weiß." Adam biss von der verbotenen Frucht vom Baum der Erkenntnis ab und wusste es. Er verschluckte sich am Wissen. Das Paradies war zu Ende. Adam spürte das Böse. Er blickte sich selbst an und war schon nicht mehr zufrieden mit sich selbst. Zwischen den Beinen bemerkte er einen unschönen und unverständlichen Darm, den er sogleich aus Ekel mit einem Feigenblatt bedeckte. Die erste Bemühung des Menschen war, schöner auszusehen als Gott ihn geschaffen hatte. Der Anfang der Schöpfung. Die Erschaffung des Paradieses hatte ihren Zweck in sich selbst. Der endlose und erschöpfende Prozess der Verschönerung der Welt nahm seinen Anfang. Nachdem Adam von der Frucht vom Baum der Erkenntnis gekostet hatte, nahm er die niedrigste Lebensform der Unzufriedenheit mit sich selbst an, denn die Möglichkeit, das wesentliche Ziel des Lebens zu erreichen, das Glück, wurde ihm nicht mehr zuteil. Er begriff, wozu Eva da war, und nachdem er es früher nicht gewagt hatte, begann er sich heftig zu bewegen, um wenigstens für einen Augenblick in das verlorene Paradies zurückzukehren. Zwischen Evas Beinen war das Tor zum Paradies.

Das war es, was er begriff. Die erste Frucht des Begreifens war Kain.

Kein guter Mensch.

Der Erste Adam und seine Nachkommen waren offensichtlich ein Misserfolg von Gottes Schöpfung. Gott gab das zu. *Ich werde die Menschen, die ich geschaffen habe, vom Angesicht der Erde hinwegfegen – die Menschen zusammen mit den Tieren, den Kriechtieren und den Vögeln des Himmels –, denn ich bereue, sie erschaffen zu haben.* Nur der Fische erbarmte sich Gott. Die Fische ertränkte Gott nicht. Er ertränkte Adam und seine Nachkommen. Er ließ nur die gelungensten Exemplare übrig: den Trunkenbold Noah und seinen Sohn Cham. Man hätte auch sie ertränken sollen. Aus Noah und Cham entstand der *Homo sapiens*: Diejenigen, die gekostet haben. Die Verurteilten. Es sind nicht viele. Das sind diejenigen, die Nietzsche *Gottes Fehler* nennt.

Gott korrigierte den Fehler, er schuf den Zweiten Adam, der ihm gehorchte und nicht von der Frucht des Baumes der Erkenntnis kostete. Aus dem Zweiten, dem vollkommeneren Adam entstanden diejenigen, die nicht gekostet haben. Die Gesegneten. Die das Ziel des Lebens erreicht haben. *Fortunae filius.*

....

Homo sapiens. Die Kinder des Ersten Adam – die Menschen: Herzen, pulsierende Fleischstücke, voll von bösem Blut, von Liebe zu sich selbst und von Hass. Sie können weder weinen noch lachen. Ihnen ist das schönste Geschenk nicht gegeben: die Zufriedenheit mit sich selbst. Sie begingen die Ursünde, sahen sich in der Umgebung um und sahen das, was sich auf der Welt tut. Und begriffen gar nichts. Gott hat den Tieren und dem Menschen unfehlbare Instinkte gegeben und ein Herz, damit er Gottes Stimme im Herzen vernehme und auf sie höre. Doch der Teufel hat ihm den Verstand dafür gegeben, dass er sich der Stimme Gottes widersetze und das Leben auf der Erde zur Hölle mache. Man soll nicht auf den Verstand, sondern auf die Wissenden hören: auf die Instinkte und das Herz.

Lebe und schwadroniere nicht. Gib den Wunsch nach Wissen auf. Doch die Verdammten, die das Übel spüren, leben hysterisch mit dem Wunsch herauszufinden, wozu das Leben gut ist. Wozu ist das Übel gut und wozu ist das Leben gut? Das Leben und das Übel sind für die Verdammten dasselbe.

„Das Leben ist ein Übel. Das ist es, was ich im Leben erfahren habe."
„Trink einen Schnaps und du wirst erfahren, dass das Leben ein Gut ist."
„Ich werde erfahren, dass der Schnaps ein Gut ist."

Nachdem sie von der verbotenen Frucht gekostet hatten, erfuhren es die Verdammten nicht, aber sie wurden, als hätten sie ein Rauschgift zu sich genommen, abhängig vom Wissensdrang. Sie wollen den Grund wissen. Der im Hals festsitzende Bissen macht ihnen zu schaffen. Künstler, Philosophen, Wissenschaftler. Die Unwissenden. Sie sind zornig, vom Leben enttäuscht, denn das Leben hat ihnen die Dosis vorenthalten: die Antwort. Blanke Nerven. Auf dem Weg ins Irrenhaus. Ihre Gesichter sind mürrisch, zerfurcht, der Blick wirr, darauf geheftet, was es nicht zu sehen gibt. Nichts von dem, was sie umgibt, stellt sie zufrieden. Sie selbst stellen sich nicht zufrieden. Daher versuchen sie, alles zu verändern, bis sie keine Hoffnung mehr haben und gegen die ganze Welt gleichgültig werden. Sie gehen in sich, doch dort ist ein Schutthaufen. Ein unerträgliches Chaos ohne die Hoffnung, es in einen Kosmos zu verwandeln, und es dennoch zu versuchen bis zur Erkenntnis der eigenen Kraftlosigkeit, bis zur Selbstverachtung, denn der Anfang wie das Ende sind dasselbe. Die unendliche Selbstüberschätzung seines Daseins und das Wissen, dass andere ihr Dasein überhaupt nicht nötig haben. Sie sehen sich selbst, und trotzdem lieben sie sich selbst. Der aus krankhafter Liebe geborene Selbsthass findet nicht mehr genug Platz in ihnen, er verwandelt sich in künstlerisches Schaffen, aus Schmerz wird Schönheit, aus Zorn das Abscheuliche, das auch die anderen ihren abscheulichen Zustand spüren lässt. Dann entspannen sie sich, als hätten sie ihre Dosis bekommen. Ihre Last anderen aufgebürdet. Danach herrscht hoffnungslose Leere. Schwache Menschen. Deswegen wollen sie sich und anderen beweisen, dass sie stark sind, sich selbst überwunden haben und zur Elite gehören. Sie fordern von sich selbst mehr als sie vermögen. Philosophen und Künstler, die Mitleid verdient haben, weil sie nicht in der Lage sind, irgendein Ziel zu erreichen. Sie werden von allem enttäuscht, was sie tun. Daher tun sie es wieder. Ohne jegliche Hoffnung. Den ganzen Tag pressen sie aus sich heraus, was dort nicht vorhanden ist, im Kopf saust es vor Anspannung, dass der Verdammte auf ein Produkt blickt, einen einfachen und klaren Gegenstand, um sich zu erholen, damit die Saite nicht reißt, denn dann herrscht Dunkel und Schweigen. Die Folge des Gestammels eines ganzen Tages: ein Satz.

Der Verdammte liest diesen Satz am nächsten Morgen durch und streicht ihn.

„Was hast du den ganzen Tag gemacht?"
„Ich habe geschrieben."

„Was hast du geschrieben."
„Einen gestrichenen Satz."

Am nächsten Tag wieder ein gestrichener Satz. Die Märtyrer. Ohne sie gäbe es keine Poesie. Es wäre das Paradies. Das Ende des Paradieses ist der Anfang der Poesie. Wir wären glückliche Tiere. Die Verdammten sagen: „Wir leben nicht um zu nehmen, sondern um zu geben. Wir leben nicht für uns selbst, sondern für die anderen." Das ist nicht wahr. Sie sind wie die Schweine. Die Menschen schlachten die Schweine, essen sie und sind satt. Die Schweine lassen den Speck nicht für andere wachsen, nur essen andere ihn. Kein geringes Verdienst der Schweine. Doch die Schweine sagen nicht: „Wir lassen den Speck für euch Menschen wachsen. Errichtet uns Denkmäler." Die Künstler und Philosophen hingegen sagen das, obwohl sie nur für sich selbst leben. Dafür legt Gott ihnen eine sehr schmerzliche Strafe auf: das Gewissen. Hass gegen sich selbst gewendet. Nitzsche sprach eindrücklich: *Das Gewissen ist nicht, wie wohl geglaubt wird, die „Stimme Gottes im Menschen", – es ist der Instinkt der Grausamkeit, der sich rückwärts wendet, nachdem er nicht mehr nach außen hin sich entladen kann.* Es gibt keinen Ort, wohin man den Instinkt der Grausamkeit sonst wenden könnte, nur rückwärts auf sich selbst, wo die Verdammten Unterschlupf gefunden haben. Die anderen existieren für sie nicht. Gedanken, schwer wie Leichen, nur lebendig, die ständig zurückkehren. Ein dunkles Licht. *...wenn das Licht in dir dunkel ist, wie schrecklich ist dann dieses Dunkel.*

„Öffne die Augen in der Nacht, damit du das dunkle Licht, das in dir ist, sehen kannst."

Sie, diese Kinder des Ersten Adam, quälen nicht nur sich selbst, sondern auch die andern. Ihre Nächsten, die sie lieben. Die, die neben den Verdammten sind, sind ebenfalls unglücklich, denn sie tragen nicht nur ihr eigenes Kreuz, sondern auch das der Verdammten. Die Verdammten sehen das und wissen, dass sie die Ursache der Qualen derjenigen sind, von denen sie geliebt werden, aber sie können nichts machen, denn ihre Natur ist noch eine zusätzliche Strafe, sie ist so stark und bestimmt ihr Leben dermaßen, dass sie nur noch dieses Leben leben *können, nicht aber das Leben derer, von denen sie geliebt werden. Sie denken nicht an die, die sie lieben, sie denken nicht an sich selbst, sondern nur daran, wie sie sich dessen entleeren können, was sie erstickt. Sie leiden und beschuldigen dafür sich selbst. Niemals andere, denn in ihrer Welt existieren nur sie selbst. Sie reißen sich die Augen aus. Ödipus-Figuren. In ihren Alpträumen geschieht nichts, es herrscht nur Schweigen und Dämmerlicht. Die schrecklichsten Alpträume. Sie schreien vor Angst, ohne zu wissen, wovor sie Angst haben. Sie schreien vor Glück, das scharf ist wie ein Schmerz, aber keinen Grund hat. Je mehr ein Mensch vor Angst schreit und je mehr er vor Glück schreit, umso mehr lebt er. Wenn es sehr schlecht ist, dann ist es auch sehr gut.*
Müde und unglückliche Menschen kommen zu ihnen und sprechen. Und die Verdammten, schlechte Menschen, hören sie und verstehen ihre Sprache, denn sie sind selbst unglücklich.

Ich tue nicht das Gute, nach dem ich mich sehne, sondern das Böse, das ich nicht will. Ich bin ein armseliger Mensch. Vor tausend Jahren sprach Zarathustra: *Wenn du nicht weißt, ob du gut handelst oder schlecht– so handle nicht.* Buddha hat gesagt, dass es dem Menschen nicht gegeben ist zu wissen, was gut und was böse ist. Die Weisen tun nichts. Etwas tun heißt, etwas verändern. Die Weisen verändern nichts. *Wer an das Wesen der Dinge gewöhnt ist, wählt das absolute Nichtstun. In Ruhe pflegt er seine wahre Existenz und kümmert sich nicht um äußerliche Schönheit – er tut nichts, er greift den Ereignissen nicht vor, übt keine Macht aus und ändert nicht das, was ist.* So steht es im Buch der Weisheit des Ostens „Huainanzi" geschrieben. Ich denke immer darüber nach, ob das wahr ist, ob ich das Recht habe, nur Bilder zu malen, denn ich bin nicht träge, und die Welt nicht zu verbessern, denn ich bin träge. *Wir hängen die kleinen Diebe – die großen schicken wir in den öffentlichen Dienst,* sagte *Äsop* vor zweieinhalbtausend Jahren. Was hat sich geändert? Aber wie viele Veränderer hat es gegeben!

Die Verdammten können nicht so wie ich. Sie verändern. Sie sind unzufrieden mit der von Gott geschaffenen Welt, ihnen geht es dort nicht gut, daher schaffen sie, Göttern gleich, ihre eigene Welt, in der es ihnen gut gehen soll.
Da sprach Gott DER HERR: „Schau nur! Der Mensch wird wie einer von uns..."

Fortunae filius. Die Kinder des Zweiten Adam.
Die Evolutionstheorie, die Darwin schuf, als er in den Spiegel blickte, widerspricht der christlichen Schöpfungstheorie nicht. So scheint mir.
Dem Ersten Adam ist der Verstand gegeben, damit er erfah-

re, was das Gute und das Böse ist und wählen könne. Ihm ist der freie Wille gegeben. Er ist zur Wahlfreiheit verdammt und wird bestraft, wenn er unpassend wählt. Der Materialist Darwin erwähnt den freien Willen nicht, aber er leugnet ihn auch nicht. Ohne freien Willen gäbe es keine Evolution. Beide Theorien kann man, meiner Auffassung nach, zu einer Theorie vereinigen.

Die Amöben, die Bahnbrecher des Lebens, verhalten sich in ein und derselben Umgebung verschieden. Die einen bleiben Amöben, andere werden zu Menschen, durch Mühe und Leiden erreichen sie jene Form, die nach Meinung des Menschen die höchste Ebene des Lebens darstellt. Das heißt, nicht nur die Umgebung, wie Marx annahm, bestimmt die Amöbe, sondern auch die Möglichkeit zu wählen – der freie Wille. So denke ich.

Die Stammmutter-Amöbe teilt sich in zwei Amöben – eine Amöbe, die mit sich selbst zufrieden ist, und eine Amöbe, die mit sich selbst unzufrieden ist. Das ist das erste Aufkommen zweier verschiedener Arten mit gleichen Körpern, aber verschiedenen Seelen. Die mit sich selbst zufriedene Amöbe ist auch Amöbe geblieben, denn sie sah keine Notwendigkeit, sich zu verändern. „Wozu mich verändern? Ich bin vollkommen. Der vollkommene Gott konnte mich doch nicht als Unvollkommene in einem unvollkommenen Teich erschaffen." Die Amöbe ist eine Patriotin.

....

Ich war bis zu meinem vierzehnten Lebensjahr ein Patriot, denn ich dachte, dass ich das Land, in dem ich geboren bin, lieben muss, denn nur in einem vollkommenen Land kann die Vollkommenheit geboren werden, die ich bin. Doch die Mädchen, meine Klassenkameradinnen, liebten nicht mich, sondern den Franzosen Jean Marais, deswegen bekam ich

Zweifel an meiner Vollkommenheit und der Vollkommenheit des Landes, in dem ich geboren bin.

„Danke, Mädchen, die ihr mich nicht geliebt habt. Mein Herz war gebrochen, doch ihr habt mich aus der muffigen Selbstzufriedenheit herausgeführt. Ich habe mich entfaltet wie eine duftende Blume."

Unergründlich sind die Wege und Abwege des Herrn. Der Mensch begreift nicht, wofür er Gott dankbar sein muss.

Die zweite Amöbe war mit sich selbst nicht zufrieden, denn sie war beim Schwimmen zu langsam, daher ließ sie sich einen Fortsatz wachsen – einen Schwanz – und wurde zu einer schnellen Kaulquappe. Danach beschloss sie, zum Ufer hinauszusteigen und herumzugehen. Dazu ließ sie sich vier Fortsätze wachsen – Füße – und wurde den überflüssigen Fortsatz, den Schwanz, los. Sie wurde zu einem Frosch. Sie brachte mit sich selbst zufriedene Frösche hervor, die auch Frösche blieben, sowie mit sich selbst nicht zufriedene Frösche, die weitergingen auf dem schmerzhaften Weg der Evolution, denn, nach meinem Verständnis ist der Verlust des angeborenen Schwanzes schmerzhaft.

Vermutlich denkt der Frosch oft: „Wie glücklich war ich in meiner Kindheit, als ich einen Schwanz hatte." Wenn sich die Mücken auf mich stürzen und ich meine beiden Arme nicht frei habe, sehne ich mich ebenso nach einem Schwanz – einem langen und biegsamen. Ich habe doch vor nicht allzu langer Zeit einen gehabt. Ich habe es noch nicht geschafft, mich davon zu entwöhnen. Der Mensch hat den Verstand bekommen, aber den Schwanz verloren. Ich habe mich noch nicht an den Verstand gewöhnt.

Die Evolution, das ist die Reise in das Glück, sich an die Umwelt anzupassen. Wenn sich ein Lebewesen in seiner Umwelt sicher und wohl fühlt, ist es glücklich. Das heißt, es ließ sich die dafür nötigen Fortsätze wachsen und ist die Fortsätze losgeworden, die störend waren. Es gibt die nicht schwer zu erklärenden Fortsätze des Körpers und es gibt Fortsätze der Seele, sie schwer zu erklären sind: Gewissen, Anstand, Denkfähigkeit und das Begreifen, dass man nicht nur nehmen, sondern auch geben muss, sowie das Gefühl des Mitleids und der Pflicht gegenüber einem anderen Menschen. Es gibt viele unverständliche Fortsätze der Seele. Wozu sind sie gut? Vielleicht gab es in der Geschichte der Menschheit mir nicht bekannte Etappen, in denen diese Fortsätze notwendig waren, aber jetzt sind sie nur hinderlich beim Leben. Diejenigen, die auf dem Weg von Darwins Evolution am weitesten vorangekommen sind, wollen diese Fortsätze nicht. Die Kinder des Zweiten Adam sind nicht von der Ursünde befleckt. Die Glücklichen. Das Gewissen quält sie nicht, denn in ihren Augen haben sie immer Recht. Das Böse ist in den Anderen. Auch die Glücklichen sind bisweilen unglücklich. Es geht ihnen nicht gut. Doch das Böse kommt nicht von ihnen. Die Glücklichen sind zornig, aber sie sind nicht traurig. Die Trauer kommt von innen, der Zorn wird von anderen erregt. Schuld sind die anderen. Die Glücklichen sind nicht schuld. Sie sind rechtschaffen.

Ich hatte einen rechtschaffenen Freund. Er starb, schön wie ein Engel.

Blauäugig und mit goldenem Haar. Ein Poet. Ich sehne mich nach ihm.

Er war unerträglich. Ein menschlicher Vulkan. Er hatte ein großes Talent und einen großen Bauch. Zwischen diesen beiden Grundprinzipien spielte sich ein dramatischer Kampf in seiner Seele ab. Mit klarem Ausschlag siegte der Bauch.

Mein rechtschaffener Freund liebte Piroggen. Er hatte zwei Kinder. Eines war das Stück Teig, das andere das Stück Fleisch.

Daraus könnten wunderbare Piroggen werden.

Gott pflanzt einem Menschen das Talent ein wie eine Blume in die Erde. Und die Blume wächst, mit Tränen und Schnaps begossen, gegen die Sonne, die Sterne, den Himmel. Elefanten zertreten sie, hässliche Vögel besudeln sie durch Entleeren ihrer Gedärme. Die Blume hat es schwer. Das ist Gottes Wille. Und wer die Blume, die Gott gepflanzt hat, nicht pflegt, dem ergeht es noch schlechter, der wird seinen Platz auf dieser Erde nicht finden. So einer war mein rechtschaffener Freund.

Diejenigen hingegen, denen keine Blume eingepflanzt wurde, brauchen sie auch nicht zu pflegen. Die haben es am besten. Sie können in Ruhe ihren Bauch pflegen.

Das Ziel ihres Lebens ist es zu verdauen. Nur das Glück, scharf wie Schmerz, zu erfahren ist ihnen nicht gegeben.

Die Verdammten hat Gott mit dem Leben bestraft, doch den Seligen hat er noch ein prächtiges Geschenk gemacht: nicht geboren zu sein. *Glücklich, wer nicht geboren* ist – Gottes Wort.

Die Seligen sind nicht geboren. Die Menschen werden aus dem Bauch geboren, damit sie leben. Zu leben ist ein Übel, doch im Bauch ist es gut. Neben der Harnblase ist man satt und hat es warm und angenehm. „Unnötig, dass ich herausgekrochen bin", denkt der Mensch, „ich muss so schnell wie möglich dorthin zurückkriechen, wo man satt ist und es warm und angenehm hat. Andere Menschen hingegen wollen nicht in den Bauch zurückkehren, sie wollen zu den Sternen. Doch die Sterne sind zu weit weg, die Menschen können sie nicht erreichen, so sind sie das ganze Leben lang unglücklich. Und diejenigen, die zu nahe an ihn heranfliegen, verbrennen. Die Sterne, das sind die Sonnen. Sie sind heiß. Törichte Ikarus-Figuren. Sie fliegen eine gewisse Strecke und stürzen in den Staub.

Die Seligen kriechen nicht aus dem Bauch heraus. Nirgendwohin außerhalb der Grenzen des Bauches. Alle Freuden, die ihnen gegeben sind, liegen im Bereich des Bauches. Die Lebensziele sind vom Bauch diktiert. Der Bauch ist lebendig am Tag, die Seele hingegen, in der die Strafe für einen selbst lauert, lebt in der Nacht, bei Schlaflosigkeit, wenn der Körper schläft. Je größer der Bauch, umso weniger Platz für die Seele. Erstickte halbtote Seelen sind nicht hinderlich beim Schlafen. Menschen-Bäuche. Sie kennen keine Schlaflosigkeit.

Sie haben die Frucht vom Baum der Erkenntnis nicht gekostet, denn sie hatten das nicht notwendig, ihnen ist die Erkenntnis, was gut ist und was böse, gegeben. Gut ist, was gut für den Bauch ist. Dem Bauch ist alles einerlei. Die Wünsche sind klar. Die Menschen-Bäuche kennen keine Zweifel. Sie müssen nicht denken. Daher denken sie nicht, denn die Wissenden haben das Denken nicht nötig.

Sie sind Gott ähnlich. Sie sind glücklich, denn es fällt schwer, sich Gott unglücklich oder unwissend vorzustellen.

Gott schuf den Menschen nach seinem Ebenbild,
als Ebenbild Gottes schuf er ihn;
als Mann und Frau schuf er sie.

Das Ziel des Lebens ist das Glück. Die Ungeborenen sind vollkommener als die Geborenen. Die Ungeborenen haben das Ziel erreicht. Eine offensichtliche Überlegenheit der Evolution. Sie sind auf dem Weg von Darwins Evolution am weitesten vorangekommen. Der Gipfel von Darwins Evolution ist der mit sich selbst völlig zufriedene Zweite Adam. Ist der Mensch mit sich selbst zufrieden, so ist auch Gott mit dem Menschen zufrieden. So ist es.

Ist der Mensch unzufrieden mit sich selbst, der nach dem Ebenbild Gottes geschaffen ist, so ist das ein Vorwurf gegen Gott, der ihn geschaffen hat.

NIEMAND

Ich bitte dich, mein Kind, schau auf zum Himmel und blicke hin auf die Erde und auf alles, was darin ist! Bedenke, dass Gott sie nicht aus schon Bestehendem gebildet hat.
So steht es im Zweiten Buch der Makkabäer geschrieben.

Mich, das Kind Gottes, umgibt eine von Gesetzen geschaffene und von Zufälligkeiten beherrschte Welt. Gott schuf das Chaos und die Gesetze, dass sie das Chaos beherrschten und in einen Kosmos verwandelten. Der Teufel schuf die Zufälligkeiten, dass sie die Gesetze beherrschten und den Kosmos in ein Chaos verwandelten. Die Gesetze schlafen, doch die Zufälligkeiten wecken sie aus dem Schlaf. Ein Geschenk des Teufels, das den Menschen Freiheit gewährt. Die schwerste Strafe für die Sünden. Aus dem Chaos kommt die Schöpfung. Das Schaffen der Ordnung.
An diesem Morgen scheint es mir so. Morgen wird ein anderer Morgen sein. Andere Ansichten und andere Selbstgespräche. Gut. Ich habe Glück gehabt. Sonst hätte ich nichts zu tun. Wahrscheinlich würde ich anfangen zu arbeiten. Jetzt hingegen wälze ich mich morgens im Bett, stopfe den über Nacht leer gewordenen Kopf voll, und die Gedanken fließen in die aufbrechende Stille. Ich nenne das Denken.
Ich sage das nicht laut, um niemanden zu verärgern.

„Komm morgen vorbei."
„Nein, ich werde nicht vorbeischauen. Morgen werde ich denken."
„Machst du dich über mich lustig? Ich bin empört."

„Komm morgen vorbei."

„Nein, ich werde nicht vorbeikommen. Ich werde auf den Markt gehen, Dünger für drei Litas kaufen, den Boden düngen und Karotten pflanzen, die zwei Litas kosten."

„Ich verstehe. Ein gewichtiger Grund. Du hast meine Achtung verdient.

Du führst ein sinnvolles Leben."

Ich heiße jedwede Tätigkeit gut, die einem Menschen Befriedigung gibt. Wenn jemand Karotten düngen will, so soll er sie düngen. Wenn sich jemand beim Reparieren gut fühlt, so soll er eine Reparatur durchführen. Ich hingegen fühle mich gut im Wald, den man nicht düngen muss. Und reparieren muss ich auch nichts. Ich weiß nicht, was man auf dieser Welt tun muss, aber ich weiß, was ich tun will. Daher sind meine Wünsche die Gründe meiner Handlungen. Meine Wünsche verleihen meinem Dasein auf Erden eine Form. Und die Abneigungen. Die Abneigungen noch mehr. Ich weiß nicht immer, was ich will, aber immer weiß ich, was ich nicht will. Um die Wahrheit zu sagen, auch nicht immer.

„Geh dich waschen."

„Ich mag nicht."

„Du wirst stinken."

„Stinken will ich noch weniger. Ich gehe mich waschen."

Der Mensch wählt aus seinen Abneigungen die am wenigsten verhasste. Das ist es, was der Mensch in dieser Welt macht. Wozu eine solche Welt gut ist, weiß ich nicht. Was diese Welt ist, weiß ich nicht. Ich weiß nicht, ob sie existiert.

Die Materialisten behaupten, dass die Welt existiert, doch in ihr gibt es nur die in Zeit und Raum genau nach Gesetzen sich bewegende Materie. Die Materie ist das, was objektiv existiert, das heißt, die Materie ist nicht vom menschlichen Willen abhängig.

Der Mensch hat der Materie gegenüber keinen Willen. Der Mensch ist Materie, daher hat er auch gegenüber sich selbst keinen Willen. Es gibt keinen freien Willen. Die Materie ist das, was keinen Verstand hat. So hat es Platon gesagt. Auch den Verstand gibt es nicht, wenn die Materialisten Recht haben. Der Mensch ist eine amorphe Biomasse, der die Umgebung Form verleiht. So hat es Marx gesagt. Das Weltall besteht nur aus den auf der Tafel von Mendelejew sich befindlichen Elementen, und eine bestimmte Verbindung von Kohle-, Stickstoff-, Sauerstoff- und Wasserstoffatomen weint, wenn sie Schmerz empfindet, und lacht, wenn es nicht mehr weh tut. „Tränen sind Urin, der aus den Augen fließt", sagen die Materialisten, denn sie haben einen nüchternen Verstand. Ein nüchterner Verstand erklärt nicht, was wichtig ist. Er erklärt nur, woraus die Tränen bestehen, jedoch nicht, was sie sind. Der Mensch sieht einen Gegenstand, nimmt ihn in die Hände, betastet, riecht und kostet ihn, und sein nüchterner Verstand oder Intellekt nennt den Gegenstand beim Namen. Für den nüchternen Verstand existiert nur das, was für alle existiert. Den nüchternen Verstand schafft die Umgebung, er selbst jedoch schafft nichts, er versucht nur zu verstehen, was um ihn herum geschieht. Der nüchterne Verstand hat keine Freiheit. Der nüchterne Verstand kann weder Gott noch den Zufall begreifen. Platon pflichtete denen bei, die das Toben unklarer Gedanken, welches von Gott kommt, *als wunderbarer als der nüchterne Verstand und den Menschen eigen bezeugen.* Der von Platon verehrte trunkene Verstand ist der große Schöpfer. Göttlichen Ursprungs, damit er Gott erschaffe. Den aus der dunklen Leere geschaffenen Traum.

Die leuchtende Leere. Die vom trunkenen Verstand geschaffene Welt ist wunderbar. Dort existieren Liebe, Schönheit, Freude, Trauer und Sehnsucht. Ewig, nicht nur für einen flüchtigen Augenblick. Dort gibt es nur das Jetzt. Dort ist überhaupt nichts. Nur der Traum. Für den Menschen ist die Wirklichkeit sinnvoll.

Darüber, dass es nichts gibt, was sein könnte, haben schon viele gesprochen, und auch ich habe bereits davon gesprochen. Und ich spreche wieder darüber, denn dieser aufdringliche Gedanke raubt mir den Schlaf. Wo ist alles? Jetzt. Man kann nicht sagen „Ich bin vor einer Minute" oder „Ich bin nach einer Minute". Warum nicht vor einer Sekunde und nach einer Sekunde? Tatsächlich müsste man sagen „Mich gibt es nicht davor und mich gibt es nicht danach". *Gewesen* und *wird sein* gibt es nicht. Ich bin jetzt, denn es gibt nur das Jetzt. Man kann nicht sagen, dass *jetzt* vor einem Augenblick begonnen hat und nach einem Augenblick enden wird. Ein Augenblick setzt sich aus noch kürzeren Augenblicken zusammen. In welchem von ihnen beginnt also *jetzt*? Der kürzeste Augenblick, dessen Kürze man sich nicht einmal vorstellen kann, hat einen Anfang und ein Ende. Sie fallen nicht zusammen. Zwischen ihnen ist die Zeit. Doch der Anfang von *jetzt* und das Ende von *jetzt* fallen zusammen. Der Übergang der Vergangenheit in die Zukunft, der keine Dauer hat. Es gibt keinen Platz für die Zeit. *Jetzt* dauert überhaupt keine Zeit (0). Alles ist in der Zeit. *Jetzt* ist nicht in der Zeit. *Jetzt* gibt es nicht. Aber war irgendwann einmal nicht jetzt? Ich erinnere mich nicht. *Jetzt* ist die ganze Zeit (∞). Es gibt nur *jetzt*, das es nicht gibt (0). D = ∞ x 0 (D – *jetzt*). Die ganze Zeit ist das, was es nicht gibt.

Die gesamte Existenz zieht sich zusammen in das nicht existierende und weitet sich in das endlose *jetzt*. Das *jetzt*, das es nicht gibt, fliegt aus der Vergangenheit in die Zukunft, die es gleichfall nicht gibt. Das Nichtsein fliegt in das Nichtsein und schleppt alles mit sich, was es gibt. Der Mensch kann nichts verändern *davor* oder *danach*. Er kann nur jetzt etwas verändern. Doch *jetzt* gibt es nicht. Das bedeutet, der Mensch kann nichts verändern. Gibt es keinen freien Willen? Hat die Existenz mir keinen freien Willen gegeben? Dann gebe ich ihn mir selbst. „Mikalojus, gebäre dich selbst, denn niemand wird dich an deiner statt gebären", sage ich mir.

Das ist mein Gerede. Wahrscheinlich eine Sophistik. Doch da ist eine Sache, die es wirklich gibt und an der keine Zweifel angebracht sind. Das ist die Lichtgeschwindigkeit, die von den Wissenschaftlern als Grundkonstante bewiesen wurde. Auf nichts Anderes, nur auf die Lichtgeschwindigkeit kann man sich verlassen. Sie ist dieselbe für alle sich wie auch immer bewegenden Körper. Das heißt, für das Licht bewegen die Körper sich nicht. Es gibt keine Bewegung. Nichts verändert sich. Zwei Lichter fliegen in Beziehung zueinander in Lichtgeschwindigkeit und bewegen sich in Beziehung zueinander nicht. In der Zeit sind solche Dinge unmöglich. Es gibt in der Welt kein Licht der Zeit. Das Licht ist von der Erde auf den Mond und zurück geflogen. Nichts hat sich während dieser Zeit auf der Erde verändert, die Elektronen haben sich kein bisschen um den Kern gedreht. Das Licht ist in dieselbe Zeit zurückgekehrt. Ganz so, als wäre es gar nicht geflogen. Das Licht, das mit einer begrenzten Geschwindigkeit geflogen ist, konnte nicht zweimal in gar keiner Zeit die Entfernung von der Erde zum Mond zurücklegen, Das heißt, für das Licht gibt es keine Entfernung. Das Licht bewegt sich ebenfalls nicht, denn bewegen kann man sich nur von einem Ort zu einem anderen, zwischen denen eine Entfernung oder ein Raum liegt. Es gibt keinen Raum. Es gibt gar nichts, denn alles kann nur in Raum und Zeit existieren. Es gibt keinen Ort, wo etwas existiert. Es gibt keine Dinge, in deren Hinsicht das Licht mit 300.000 km/h ausbreitet. Die Materie gibt es nicht. Die Materie ist die Möglichkeit des Seins. Das Sein gibt es nicht. Daher sagen weise Menschen auch: „Es gibt nichts, was existieren könnte." Sie sprechen über die Physik. Aus dem Verhalten des Lichts geschlossen vernichtet die Physik sich selbst und die ganze Welt. Sie vernichtet auch mich, denn wenn sich das Licht nicht bewegt, so bewege ich mich aus seiner Sicht in Lichtgeschwindigkeit. In der Bewegung verkürzen sich die Gegenstände. Und bei Erreichen der Lichtgeschwindigkeit verschwinden sie ganz und werden zu Energie. Ich werde zu Energie. Descartes hat Recht.

Aus all diesen meinen Überlegungen, die dem Nichtwissen entspringen, ergibt sich die Schlussfolgerung, dass es nicht nur eine Welt gibt und dass sie, wenn für das Licht eine Welt, für mich jedoch eine andere existiert, vielleicht für einen anderen Menschen auch eine andere ist, nicht so eine wie meine. Ich existiere und sehe Gegenstände, zwischen denen es einen Raum gibt und die im Raum sind. Ich und alles um mich verändert sich deswegen, weil ich Zeit dafür habe. Deswegen, weil es die Zeit gibt. Für mich. Wird es mich nicht geben, wird es auch gar nichts geben. Ich bin nicht deswegen unglücklich, weil Gott eine Welt geschaffen hat, die für mich nicht passt, sondern deswegen, weil ich selbst eine solche geschaffen habe.

....

Ich kenne die Wahrheit. Meine Sinne sagen mir die Wahrheit. Es gibt nur das, was ich fühle.

„Zurecht sagt man, dass du ein Egoist bist. Du sprichst nur über dich selbst, für dich zählst nur du selbst und nur das, was du selbst fühlst", sagt jemand zu mir.

„Mensch, deine Worte höre ich, doch sie sind in meinen Ohren, ich sehe dich, doch dein Bild ist in meinen Augen. Woher soll ich wissen, dass es dich noch irgendwo gibt. Ich weiß nicht, ob es überhaupt noch irgendetwas gibt, oder nur mich. Für mich gibt es die Welt. Ich selbst bin für mich. Als man mir mit einem Knüppel auf den Kopf schlug, schmerzte es. Vielleicht gab es weder den Kopf noch den Knüppel, doch den Schmerz gab es wirklich. Es gab ihn. Die Sinneseindrücke gab es. Ich weiß nicht, ob die Materie sie hervorbrachte, die hinter mir war und die Form eines Knüppels hatte, oder irgendetwas in meinem Inneren. Darum geht es nicht. Ich bin Sehnsucht, Trauer, Schmerz, Freude. Das klare Wasser des Sees, der saubere Ufersand, das Gras und die schweigsamen Bäume. Eine schöne traurige Hoffnungslosigkeit. All das ist mein Sein. Alles andere ist mir egal. Soll sich doch das Licht bewegen, wie es ihm beliebt. Soll es doch seine eigene Konstante sein. Und ich bin meine eigene Konstante. Meine Welt ist eine andere. Ständig sage ich „ich", „mir", „mein". Ich weiß nur nicht, wer ich bin und was das Ich ist. Ich träume mich selbst. Wie die Chinesen. „Das, was in den Träumen ist, existiert nicht", sagen mir Dummköpfe. Nur das existiert. Es existiert Ich bin im Traum und der Traum ist in mir. Ich bin die Ursache meines Traumes, in dem ich bin.

„Du irrst dich", sagt man mir. „Mann und Frau werden ein Leib und du entstehst. Du bist nicht deine eigene Ursache, sondern Mann und Frau in einem Leib."

„Nein. Das ist nicht meine Ursache. Nicht ich bin dabei entstanden, sondern der Körper, in dem sich das Ich befindet. Bis zum Jahr 1943 sind Mann und Frau Milliarden Male ein Leib geworden und Milliarden neuer Körper geboren worden, in denen nicht mein Ich war. Fleisch bringt Fleisch hervor, aber kein Ich. Das Fleisch hat seine Arbeit schon getan.

Mir geht es nicht um die Ursache Ich. Mir geht es um das Resultat Ich.

In der Zeitschrift „Šiaurės Atėnai" (Das Athen des Nordens) habe ich den Aufsatz „Die Aneignung der Realität" von Kiwi Bird gelesen. Die Autorin erzählt vom Gelehrten Fazang, der die Kaiserin Wu Zetian in der Weisheit unterrichtete. *An der Decke eines verspiegelten Zimmers brachte Fazang eine Laterne an, um die Beziehung des Einzelnen mit der Mehrheit zu zeigen. Danach stellte er in der Mitte des Zimmers einen kleinen Kristall auf und zeigte Wu, dass sich die ganze Umgebung im Kristall widerspiegelt, und illustrierte damit zugleich, dass in der Begrenzten Realität das unendlich Kleine das unendlich Große umfasst, das unendlich Große jedoch das unendlich Kleine.* Ich dachte mir, man könnte in der Mitte von Fazangs Zimmer an Stelle eines Kristalls einen Menschen hinstellen. Er sähe die Unendlichkeit seiner Spiegelungen in Zerrspiegeln und dächte, das sei die Unendlichkeit anderer Menschen. Krylows Affe, der in den Spiegel schaut und nicht begreift, was er sieht. Spiegelungen von Spiegelungen. Sonst nichts. Der Mensch betrachtet einen schönen Gegenstand, und die Schönheit des Gegenstandes ist nicht in der Außenwelt, sondern im Innern des Menschen. Der Mensch sieht nicht die Schönheit, sondern erfährt in sich selbst ein himmlisches Gefühl. Wahrscheinlich gibt es überhaupt keinen schönen Gegenstand, es gibt nur den Zustand, der sich durch den schönen Gegenstand in die Außenwelt verbreitet, und er ist die Ursache des schönen Gegenstandes. Vielleicht sieht der Mensch die himmlische Schönheit seiner selbst in der Außenwelt. Es gibt überhaupt keine Gegenstände, nur ausstrahlende Zustände und deren wiederkehrende Spiegelungen, welche die Augen

des Menschen sehen. Das Schauen in den Spiegel. Ein das
Bewusstsein quälendes Unwissen. Darüber habe ich schon
gesprochen. Macht nichts.

....

Ich bin Künstler. Ich blicke in mein Inneres und sehe ein Bild
in meinem Kopf. Es gilt, es zu zeichnen, es aus dem Kopf
aufs Papier zu bringen. Ich projiziere ein Bild in die Außenwelt. Es kehrt zurück in meine Augen und verschafft mir eine
Zufriedenheit mit mir selbst oder eine Enttäuschung. Vielleicht ist alles, was existiert, von mir gezeichnet? Die Welt,
die nur in mir ist, ist mir unbekannt, sie breitet sich aus mir
aus und kehrt in mich zurück, und nur dann sehe ich sie. Ich
sehe mich selbst.
Wo ist die Realität ohne mich?
Die Realität ist *ein für uns unsichtbarer Bereich.* Schreibt
Kiwi Bird. Das ist vielleicht wahr, denn man kann nicht sehen, was nicht ist.
Wenn hingegen alles, was ich sehe, nicht nur für mich, sondern auch ohne mich ist, dann erhebt sich die quälende Frage, woher alles kommt. Ich habe zu verstehen versucht, was
mich umgibt, ohne irgendetwas Bestimmtes zu wissen. Gab
es einen Anfang? Hat die Materie einen Anfang oder war
sie, wie die Materialisten behaupten, immer schon da und
ist ohne Ende. Es wird aber behauptet, dass sich das Weltall
in dieser Zeit entfaltet. Es wird behauptet, das sei bewiesen.
Kann sich eine Endlosigkeit entfalten? Wohin?
Die Theorie der Singularität behauptet, die Materie sei endlich. Und das Weltall? Ist das Weltall der Raum, in dem die
Gegenstände sind? Alle Gegenstände nisten sich in der Singularität ein und es bleibt nichts. In der Singularität gibt es
keinen Raum, nur Materie. Wo bleibt der Raum? Zwischen
Sonne und Erde ist ein Raum. Sonne und Erde nisten sich in

der Singularität ein, doch der Raum zwischen ihnen bleibt? Gibt es ein Meer ohne Wasser? Gibt es Wellen ohne Wasser? Gibt es einen Raum ohne Gegenstände? Wozu ist er dann gut? Gibt es Zeit, wo es nur einen Raum gibt? Wozu ist er gut? In einem leeren Raum verändert sich doch nichts. Die Zeit ist nicht notwendig, der Raum ist nicht notwendig. Können Raum, Gegenstände und Zeit ohne einander existieren? Ist es nicht so, dass sie nicht ohne einander sein können und deswegen nur in demselben Augenblick ohne jede Dauer in Erscheinung treten konnten? *In no time*. War alles, was ist, ewig, ist nicht alles in der Zeit und im Raum entstanden, denn es gab keine Zeit und keinen Raum? Und was war davor? Das Nichtsein? Und das Nichtsein schuf das Sein? Wozu? Wurde es dem Nichtsein langweilig, das Nichtsein zu sein, und das Nichtsein wurde zum Sein? Sind Raum und Zeit das, was nicht existiert, und das, was alles ist? Das Nichts, in dem alles ist? Das Nichts ist alles? Gott ist nichts, und er hätte alles geschaffen, damit er an langen Herbstabenden etwas zu bestaunen hat? „Rück heran, Gott, lass mich neben Dir Platz nehmen und zusammen mit Dir die interessanteste *Reality Show* ansehen, die von Dir geschaffene."
Stephen Hawking behauptet, das Universum, das in Zeit und Raum existiert, sei ein geschlossenes System. Ebenso sagt er, das Universum erstrecke sich von einer Singularität zur nächsten, deswegen ist es nicht ewig, sondern hat einen Anfang und wird ein Ende haben. Wenn ich richtig verstehe, so ist die Singularität für Hawking nicht das zusammengezogene Universum, sondern nur die Materie. Das Universum ist dort, wo das Licht ist, denn vom Licht sind Zeit und Raum abhängig. Endet das Licht? Wenn das Universum eine spindelförmige Form und ein Zentrum hat, in das es sich zusammenzieht und zur Singularität wird, dann verschwindet

dort das Licht – ein Strom von Elektronen – ebenso. Davor muss für diesen Punkt, wo die Singularität sein wird, der ganze Himmel unbedingt zur Sonne werden, denn die Materie kann sich nicht schneller bewegen als das Licht. Das Licht wird sich zuerst in die Singularität hineindrängen. Die Materie wird sich im Dunkeln in die Singularität hineindrängen. Doch das Licht, das der Kosmos verbreitet, müsste in alle Richtungen leuchten, nicht nur ins Zentrum. Ich stelle es mir so vor: Dieses Licht, das sich in Gegenrichtung des Zentrums des Universums ausbreitet, lässt eine Anziehungskraft entstehen, die nicht an Geschwindigkeit verliert – eine konstante, sie dreht sich im Kreis und breitet sich in Richtung des Zentrums aus. Der Kosmos nimmt die Umrisse der Gestalt einer elektrischen Glühbirne aus Milchglas an. Das Licht verbreitet materielle Fädchen, doch das Licht verbreitet sich nicht über die Grenze der Lampe hinaus. Ich las die Behauptung, das Licht verbreite sich nicht in gerader Richtung, und versuchte, mir über diese Behauptung Klarheit zu verschaffen. Das Licht kehrt in die Mitte des Universums zurück. Hinter dem Universum wird es kein Licht geben. Hinter dem Universum gibt es überhaupt nichts. Es gibt kein Außen. Wie kann es kein Außen geben? Ich weiß es nicht.

Das Licht vergeht. Raum und Zeit vergehen. Die Materie bleibt, das Universum hingegen, das in Raum und Zeit existiert, vergeht. Doch die Materie, die nur in Raum und Zeit sein kann, muss gleichfalls vergehen. Materie, Raum und Zeit, die sich gemeinsam erschaffen haben, können nicht ohne einander sein. Zusammen entstehen und zusammen vergehen sie.

Die Singularität vergeht ebenfalls. Und was bleibt? Es bleibt das wirkliche Nichts, das ich überhaupt nicht begreife. Es bleibt die Zukunft. In ihr taucht auch der Kosmos wieder auf. Man muss dem Makkabäerbuch glauben. Ein unabgeschlossener Prozess.

Wir vergehen – die Ewigkeit.

....

Der Mann meiner Kindheitsfreundin Skaidra, der mit mir befreundete Physiker Vidmantas Bumelis, erklärte: *Die Erkenntnis des Menschen stößt an bestimmte Grenzen im Mikro- und Makrobereich, das umfasst sowohl die Zeit wie die Entfernung und die Dimension. Wenn wir die Erkenntnisgrenze überschreiten – sowohl in den Kosmos als auch in die Mikrowelt oder in den Anfang und das Ende der Zeit –, müssen wir entweder spekulieren oder ehrlich zugeben, dass uns zumindest jetzt noch keine Erkenntnis zuteil geworden ist.* Von einer solchen Antwort konnte ich nur träumen. Freiheit für das Nichtwissen. Wenn ich wüsste, wie man leben soll, könnte ich nicht leben, wie ich will.

Ich frage mich selbst, warum ich überhaupt über all das nachdenke. Welchen Sinn hat das? Ich habe den Verdacht, es geschieht aus Angst vor dem Tod.

Für mich ist es entsetzlich zu begreifen, dass ich vollständig vergehen werde.

Ich suche die Ewigkeit.

Nicht in Behauptungen, sondern in Argumenten.

Ich bin wie der Ungläubige Thomas: Ich will nicht glauben, ich will wissen. Ich suche nach Beweisen für meinen Traum. Sogar in der Physik, wo es keinen Gott gibt. Die Materialisten behaupten, der Mensch sei die sterbliche Struktur unsterblicher Elementarteilchen. Ich bin die lebendige Struktur lebloser Teilchen, die nur eines genau weiß: Ich bin. Vielleicht nur für mich selbst, vielleicht auch für andere. Ist die Katze für sich selbst? Ein Stein wahrscheinlich nicht. Nicht in den Teilchen ist das Leben, sondern in ihrer Struktur. Die

Struktur wird sich auflösen, und ich werde nicht mehr sein. Das will man nicht. Man will zurückkehren und sein. Wenn die Materie die Elementarteilchen ist, die sich in verschiedenen vergänglichen Formen gruppieren, selbst aber ewig sind, dann gibt mir die von Nitzsche, dem Materialisten, der den Tod negiert, beschriebene Theorie der ewigen Wiederkehr Hoffnung. Beim Würfelspiel wird sich, wenn die Zahl der Würfel nicht unendlich ist, dieselbe Zahlenkombination auf jeden Fall wiederholen, besagt die Wahrscheinlichkeitstheorie. Daher muss sich auch der Kosmos, der aus einer begrenzten Zahl von Elementarteilchen zusammengesetzt ist, in der endlosen Gegenwart wiederholen. Der Kosmos wird sich selbst und mich zusammen wiederholen, und mein ganzes Leben wird exakt wiederholt werden. So ist die von Nietzsche beschriebene ewige Wiederkehr. Aber ist es für den Kosmos zwingend, sich exakt zu wiederholen, damit zwei völlig gleiche Gegenstände entstehen? Nach meinem Verständnis ist es zwingend, denn ein Gegenstand hängt, wie auch ein Mensch, nicht nur von seiner Natur ab, sondern auch von der Umgebung, daher kann es genau denselben Gegenstand nur in genau derselben Umgebung geben. Dasselbe Bild können nur zwei Spiegel widerspiegeln, die sich an demselben Ort befinden, und an demselben Ort kann sich nur ein einziger Spiegel befinden. Daher muss ich und müssen alle anderen, so es sie gibt, ihr Leben auf langweilige Weise wiederholen. Unendliche Male.

Man kann so denken, aber auch anders. Die unerlässliche Wiederholung der Würfelkombination hängt nicht von Zeit und Umgebung ab. Sowohl in Europa als auch in Australien muss sich heute wie vor tausend Jahren dieselbe Würfelkombination ergeben. Die Würfel können anders fallen oder sich in einer anderen Umgebung befinden, aber die

Zahl muss dieselbe sein. Das Wesen ist dasselbe. Der identische Mensch kann sich nur in einer identischen Umgebung wiederholen, doch wenn man nicht über den ganzen Menschen spricht, sondern nur über sein Wesen, über sein sich selbst begreifendes Ich, dann ist, nach meinem Verständnis, dieselbe Umgebung nicht zwingend. Mein Körper und seine Umgebung ändern sich ständig, doch Ich bleibe. Früher hatte ich einen Schwanz, war einer Kaulquappe ähnlich und meine Umgebung war die Harnblase. Und doch war ich ich. Mein Ich, meine Zahl, muss sich wiederholen – in jeder beliebigen Umgebung und zu jeder beliebigen Zeit. Ich kann ohne Arme und Beine auskommen, aber ich kann nicht ohne mein Ich auskommen. Vielleicht ist mein Ich, die lebendige Kombination lebloser Teilchen, in meinem Kopf. Dort fühle ich es. Dort muss sich dieses Kombinations-Ich wiederholen, aber nicht unbedingt mein Körper und nicht unbedingt in meinem Körper. Mein Körper, meine Arme und Beine sind nur die Umgebung, in der sich mein Ich befindet. Verschiedene Umgebungen würden kein verschiedenes Ich, sondern ein verschiedenes Leben bestimmen. Wenn die Materie ewig ist, so ist jedem Lebewesen die Unendlichkeit derselben und die Unendlichkeit verschiedener Leben beschieden. Eine physische Samsara. Wenn mein Ich jetzt in meinem Körper ist, kann mein Ich dann irgendwann in einer Katze auftauchen? Vielleicht. Ich würde Mäuse fressen. Wenn für die Wiederholung meines Ich keine identische Umgebung zwingend ist, dann müsste sich mein Ich auch zur selben Zeit an verschiedenen Orten wiederholen. Wie dieselbe Würfelkombination zur selben Zeit in Europa und Australien. In der Unendlichkeit sollte es unbedingt irgendwann so sein, dass sich mein Ich zur selben Zeit in einem Menschen und in einer Katze befindet. Ich würde mich in verschiedenen

Körpern zur selben Zeit begreifen. Das kommt nicht vor. Da drängt sich der Gedanke auf, dass entweder die Materie unendlich ist und sich dieselben Strukturen nicht wiederholen, oder die Ich-Struktur ist immateriell und kann nicht in der Materie sein, doch dann handelt es sich schon um Metaphysik, wo das ewige Sein die Norm ist, oder es gibt Gott, der, wie Einstein gesagt hat, nicht würfelt, und für den die Wahrscheinlichkeitstheorie nicht gilt. Und wenn es Gott gibt, so *verhärtet er, wen er will.* Dann ist es seine Sache. Ich werde mich nicht einmischen. „Lass mir das Glück zuteilwerden, an Dich zu glauben."

Doch vielleicht sind die Gesetze der Physik nicht allmächtig? Ich habe gelesen, dass es schwer ist, das Verhalten der Elementarteilchen mit der Physik zu erklären. Es hat den Anschein, sie besitzen Verstand, kennen ihr Ziel und verfolgen es auf dem von ihnen gewählten Weg. Sie haben Wahlfreiheit. Teleologie in der Materie. Vielleicht wollen die Materie-Teilchen nicht dieselben Strukturen wiederholen? Mag sein. Ich weiß es nicht. Jesus, Maria! Mir tut der Kopf weh. Eher komme ich in die Klapsmühle als dass ich diese Schrift zu Ende bringe. Dann werde ich wenigstens wissen, wo ich mich befinde. Jetzt hingegen weiß ich es nicht. Gut. Es reicht. Wo ist der Schnaps?

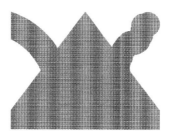

EIN TRAURIGES MÄRCHEN

Vorrede

„Mein Geburtstag rückt näher", sagt ein Mensch. „Ich muss gefräßige Freunde einladen und ihnen ein Festmahl bereiten. So eine Plage."

„Der Geburtstag unseres Freundes rückt näher", sagen die Menschen. „Wir müssen zum Festmahl gehen und sieben Stunden beim Tisch sitzen. So eine Plage."

Die Fähigkeit, sich und anderen das Leben zu vergällen, ist eine der wesentlichen Fähigkeiten, die Gott dem Menschen verliehen hat.

Ich bin psychisch krank. Eine leichte Form von Anthropophobie. Es fällt mir schwer, mich irgendwo aufzuhalten, wo sich mehr als zwei Menschen befinden. Ein Mensch und ich. Sind mehr Menschen anwesend, so fühle ich mich unwohl. Ich sitze griesgrämig herum und schweige. Ich leide Qualen, die mich nicht weiterbringen, und verderbe anderen die Stimmung. Ich will im Zentrum der Aufmerksamkeit stehen, aber das kann ich nicht, wenn mich viele Menschen umgeben. Ich kann nur im Zentrum der Aufmerksamkeit eines einzigen Menschen stehen. Daher meide ich die Menschen, wenn es mehr sind als zwei.

„Morgen habe ich Geburtstag. Komm. Ich lade dich ein. Es werden zehn gemeinsame Bekannte kommen. Es wird lustig zugehen. Du wirst dich glücklich fühlen."

Alle unsere zehn gemeinsamen Bekannten mag ich gerne und ich finde sie interessant. Ich liebe sie. Jeden für sich. Ich fühle mich mit jedem von ihnen wohl. Doch wenn sie alle zusammen sind, fühle ich mich unwohl. Ich verliere die Liebe. Ein schmerzlicher Verlust. So ist es. Daher sage ich zu dem lieben Freund nicht: „Ich komme zu dir und verderbe dir die Feier", ich sage: „Entschuldige, ich werde nicht kommen. Ich habe keine Zeit." Der Freund erwidert zornig: „Das entschuldige ich nicht. Mein Geburtstag ist nur einmal im Jahr. Nimm dir gefälligst Zeit."

Nur einmal im Jahr sind sechs Milliarden Geburtstage. Und wie viele andere Veranstaltungen noch stattfinden. Es gibt Menschen, die bei Geburtstagsfeiern und anderen Veranstaltungen glücklich sind. Sie fühlen sich wohl unter Menschen. Je mehr Menschen sie um sich haben, umso wohler fühlen sie sich. Sollen sie doch Geburtstagsfeiern veranstalten und besuchen. Und sollen sie glücklich sein.

Das Märchen

Vor langer langer Zeit gab es den Hof meiner Sehnsucht, in dem die Leute im Frühling das Laub aus dem Vorjahr zu verbrennen pflegten. Der Rauch stieg zum Himmel und die ganze Welt roch nach der brennenden Vergangenheit. Die Kinder kamen aus den Häusern, zogen die Schuhe aus und liefen barfuß auf der kalten Erde umher. Ihre Füße waren schmutzig, und sie waren glücklich. Noch glücklicher waren die Enten, denn in der Mitte des Hofes warf ein Teich seine Wellen. Die Enten drängten sich in das zähflüssige Wasser des Teichs und quakten voll Freude. Von Morgen bis Abend.

Im Hof lebte auch die Poetin, eine Henne. Immer sah sie den Enten vom Ufer aus zu, und sie fühlte sich wohl dabei. Ihr Herz erfreute sich und füllte sich mit Liebe zu Gott, der den Teich geschaffen hatte, in dem so viel Freude und Glück war. Und der Hof meiner Sehnsucht wäre ein Paradies für alle gewesen, hätten die Enten nicht empfindsame und edle Herzen gehabt. Ihre Herzen verströmten Liebe und Sorge gegen ihren Nächsten. Sie waren keine Egoisten. Sie waren Altruisten. Die Enten wollten, dass nicht nur sie selbst, sondern auch die Poetin, die Henne glücklich sei.

„Spring zu uns in den Teich", sagten sie zur Henne. Hier wirst du dich sehr wohl fühlen. Du wirst zusammen mit uns glücklich sein."

„Nein. Ich werde mich im Teich nicht wohlfühlen. Ich kann mich nicht hineindrängen und quaken. Zwingt mich nicht, im Teich glücklich zu sein. Unser Glück liegt nicht am selben Ort. Eures liegt im Teich, meines am Ufer."

Die Enten glaubten nicht, dass das Glück nicht im Teich, sondern am Ufer liegen kann. Sie glaubten, die Dichterin, die Henne, wollte nicht ihre Freundin sein.

„Es gibt kein Glück am Ufer. Nur im Teich. Du willst nicht unsere Freundin sein. Wir sind dir zu simpel. Du bist doch eine Poetin. Du verachtest, beleidigst und erniedrigst uns. Wir sind sehr beleidigt" – so sprachen die Enten.

Die Poetin, die Henne liebte die Enten und wollte ihnen nicht wehtun. Deswegen sprang sie in den Teich, drängte sich dort hinein und wollte sterben, denn sie glaubte, im Paradies gäbe es keine Teiche. Leise sagte sie zu sich selbst: „Ich verachte euch nicht, meine lieben Enten, denn ihr seid nicht schlechter als ich, nur anders. Und euer Glück ist nicht schlechter als meines, nur anders."

„Warum sprichst du leise mit dir selbst? Sag es den Enten.

Laut."

„Ich habe es gesagt. Ihre Ohren haben meine Worte gehört, aber ihr Verstand nicht."

„Wer hat es nicht gehört?"

„Der Verstand."

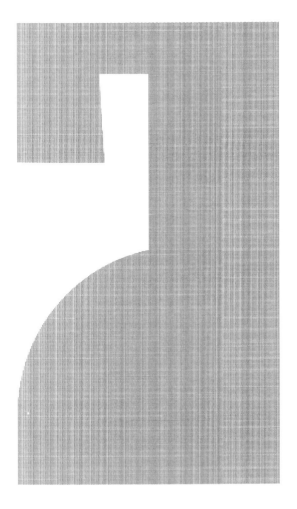

PRIMO MIHI

Ich leide. Ich denke. Man soll nicht denken. Man soll leben wie alle Menschen und das tun, was alle tun, sonst bleibt man allein. Man wird ein Fremder sein. Ein Feind, dem man in die Fresse schlagen muss.

„Hast du einen Gegenstand, den alle haben?"

„Nein."

„Warum?"

„Weil ich einen Gegenstand, den alle haben, nicht brauche."

„Alle brauchen ihn, und du brauchst ihn nicht?"

„Alle brauchen ihn, aber ich brauche ihn nicht."

„Ich schlage dir in die Fresse. Man muss ihn brauchen. Man muss das wollen, was alle wollen. Wage es nicht, anders zu sein."

Doch die Einzelgänger sagen: „Sei nicht so wie ich." Sie ertragen niemanden vom selben Schlag.

Krumme, einsame Föhren, die auf einem kahlen Feld wachsen. Egoisten. Götter für sich selbst. *Du wirst keinen anderen Gott haben, nur dich selbst.*

Einsame Föhre
Wie eine Frau,
die Schmerzen hat.

Diejenigen, die von einer Tribüne aus sprechen, sagen: „Verzichtet auf euer Glück zum Wohl der Menschheit, und ihr werdet selig sein." Was ist die Menschheit? Die Summe der Menschen? Menschen summieren sich nicht. Die Arithmetik passt hier nicht. Wenn ein Mensch 500 Gramm Schnaps trinkt, ist er glücklich, aber wenn 500 Menschen 500 Gramm

Schnaps trinken, werden sie nicht glücklich sein. Das Glück summiert sich genauso wenig. Die Menschheit – das ist nur ein Wort. Es gibt keinerlei Menschheit, nur einzelne Menschen. Es wäre komisch zu hören: die Menschheit hat sich betrunken. Die Menschheit ist weder glücklich noch unglücklich. Die Losung „Verzichtet auf euer Glück zum Wohl der Menschheit" bedeutet „Verzichtet auf euer Glück zu meinem Wohl. Lebt so, dass nicht ihr gut lebt, sondern ich." Das ist es, was ein Mensch von der Tribüne aus sagt.

Kant hat behauptet, dass der Mensch nicht für sein eigenes Glück leben soll, sondern für das der anderen. Wer sind diese *anderen*? Nach meinem Verständnis teilt Kant die Menschen in Gattungen ein: in die *einen* und die *anderen*. Die *einen* leben für das Glück der *anderen*, und die *anderen* sind gerne damit einverstanden. Sie fordern es geradezu.

Niccoló Machiavelli sagt: Gewissen, Moral, Ethik, Sittlichkeit, Gottesfurcht und Nächstenliebe sind nicht für dich, mein Fürst, sondern für die kleinen Leute, die dich umgeben, damit es für dich leichter sei, sie zu beherrschen.

So habe ich seinen „Fürsten" verstanden.

Ein Mensch setzt sich hin und sagt: „Ich habe mich hingesetzt und sitze für mich da." Wenn ein Mensch das sagt, so bedeutet das, es geht ihm gut. Deswegen, weil er es für sich selbst tut. Und denen, die neben ihm sind, geht es auch gut, denn er sitzt für sich selbst da, und nicht für sie. „Lebe für dich selbst und du machst es am besten", lautet die Weisheit der Menschheit. „Lebe für dich selbst und du lebst am besten" – so lautet eines meiner Lebensprinzipien.

Ich war noch nicht geboren. Ich wurde geboren. Man gebar

mich, ohne mich zu fragen – lebe für dich selbst. Und ich lebe für mich selbst. Ich bin für mich selbst da.

Ich wälze mich im Bett hin und her, ertrage mich selbst nicht und wälze mich dennoch. Eine Stimme, die in mir ist, sagt zu mir: „Steh auf. Nimm den Bleistift in die Hand und zeichne Bilder. Und du wirst dich lieben."

Doch die Menschen schweigen. In diesem Schweigen höre ich, was sie denken: „Wälze dich herum, zeichne keine Bilder. Wir brauchen sie nicht."

„Ihr braucht mich nicht. Ich lebe auch nicht für euch, und die Bilder zeichne ich nicht für euch. Für mich. Ich habe ein sehr schönes Bild gezeichnet und mein Herz erfreut sich. Ich selbst bereite meinem Herzen eine Freude."

Ich bin niemandem etwas schuldig. Ich bin glücklich. Ich habe das Ziel erreicht.

....

„Sagst mir, Mensch, was dein Lebensziel ist?"

„Einen Baum pflanzen, einen Sohn großziehen und ihm ein Haus bauen."

„Und dann wirst du glücklich sein?"

„Und dann werde ich glücklich sein."

„Mensch, das ist ja dein Lebensziel. Dein eigenes Glück. Du bist ein anonymer Egoist."

....

Nach meinem Verständnis ist das Wichtigste für jeden Menschen er selbst. Das kommt in verschiedenen Formen zum Ausdruck. In offenen und verborgenen. Er hat das ganze Leben für andere geopfert, er hat das Gute für andere gesucht, nicht für sich selbst. Wer weiß. Vielleicht war es für ihn gut, sein Leben für andere aufzuopfern. Für ihn war es gut, aber wer weiß, ob es für diese anderen gut war. Ein Egoismus, der nicht die Form des Egoismus hat. Er kam geradezu als einer auf die Welt, für den es gut ist, zu anderen lieb zu sein und sie nicht zu quälen.

„Ich habe ein ruhmreiches Leben gelebt – nicht für mein eigenes Glück, sondern für das der anderen.

Ich sterbe glücklich."

„Warum sagst du dann ‚Ich bin glücklich'? Warum sagst du nicht ‚Glücklich sind die, für deren Glück ich gelebt habe'?"

Ich bin immer nur dann glücklich, wenn ich so lebe, wie es mir die mir von Gott gegebene Natur gebietet. Doch dann sind die anderen unglücklich. Denn ich lebe nicht so, wie sie wollen, sondern so, wie ich will. Ich lebe mein Leben, nicht ihres. Deswegen sagen sie, ich sei Egoist: „Dir geht es nicht um die anderen. Dir geht es nur um dich selbst." So ist es. Mir geht es nicht sehr um die anderen. Ich lasse die anderen in Ruhe. Sie haben Glück gehabt. Und ich bemühe mich, nur das zu tun, was mir gefällt. Ob das den andern gefällt, kümmert mich auch nicht besonders. Ausgenommen diese seltenen Fälle, wenn ich mich selbst nicht ertrage und eine unvergängliche Liebe zu mir empfinde. Das ist wahr. Ich bin keine Ausnahme. Alle lieben sich selbst und alle täten das, was ihnen gefällt, wenn sie nur wüssten, was ihnen gefällt oder wenn sie nicht gezwungen wären, das zu tun, was Anderen gefällt. Dass es mir nicht um die anderen geht, bedeutet in Wahrheit, dass ich kein radikaler Egoist bin. Einem radikalen Egoisten geht es um die anderen. Er weiß, wie die anderen zu leben haben. So wie er. Sein Glück muss auch das Glück der anderen sein. Wo er es gut hat, dort müssen es auch die anderen gut haben. Wenn der Egoist Polka tanzt, dann müssen auch alle andern Menschen mit ihm tanzen. Das Schlimmste ist, dass die anderen nicht nur mit ihm tanzen müssen, sondern auch noch gezwungen sind, das zu wollen, und beim

Tanzen müssen sie glücklich sein und das in ihrem ganzen Verhalten und in all ihren Gesichtsausdrücken zeigen. Die anderen müssen dieselben sein, dieselben Wünsche haben, dieselben Freuden und Traurigkeiten. „Ein Mensch, der nicht so ist wie ich und im Leben nicht dasselbe sucht, ist ein Looser, den es man heilen oder erschlagen muss, denn auch seine Kinder werden Looser sein. Die Menschheit wird degenerieren."

Ein Fernsehstar, eine Schönheit, hat gesagt, es gehe ihr nicht um materiellen Besitz. Ihr gehe es nur um den geistigen. Dennoch würde sie niemals einen Looser heiraten, der kein Luxusauto besitzt. Ein Mensch, der kein Luxusauto besitzt, ist also ein Looser. Interessant, wie ich denken und leben würde, wäre ich ein Fernsehstar und ein Schönling. Und Mutter Teresa? Wie würde sie denken und leben, wenn sie eine Schönheit wäre? Ich besitze, wie auch Napoleon, kein Luxusauto. Ich habe überhaupt keines. Daher glaube ich, dass der vergeistigte Fernsehstar vielleicht im Irrtum ist. Vielleicht ist derjenige ein Looser, der unglücklich ist, weil er kein Luxusauto hat? Ich weiß es nicht. Es wurde den Menschen nicht erklärt, wie sie zu leben haben. Unterschiedliche Veranlagungen diktieren dem Menschen unterschiedliche Lebensziele. Der eine ist glücklich, dass er ein Auto hat, der andere, dass er kein Auto hat und auch keines haben will. Wer es gut erwischt hat, weiß ich nicht.

„Er hat mehr als ich! Das ist ungerecht! Ich bin benachteiligt!!!
Wo sind Marx, Engels und Lenin?!!"
„Er braucht mehr als ich. Er ist benachteiligt. Armer Kerl."

Ich bin unglücklich. Gestern habe ich Schnaps getrunken und kluge Sprüche geklopft. Jetzt tut mir der Kopf weh. Meine klugen Sprüche habe ich selbst nicht gehört. Das ist gut. Sonst wäre ich noch unglücklicher. Ich werde mich jetzt hinlegen und in Dankbarkeit gegen Gott einschlafen, dass ich kein eigenes Haus, kein Auto, kein Anwesen am See besitze und dass ich das alles nicht brauche. Bis zum Tod werde ich schon irgendwie durchkommen. *Alles, was ich besitze, trage ich mit mir.* Das ist mein antikes Ideal, das ich nicht erreicht habe.

So alt wie die Menschheit ist die Goldene Regel, wie sie so schön im Matthäus-Evangelium ausgedrückt ist: *Alles, was ihr also von anderen erwartet, das tut auch ihnen! Darin besteht das Gesetz und die Propheten.* Das passt für mich. Ich will, dass die Menschen tun, was sie wollen, aber nicht das, was ich will. Ich will nicht, dass mir die Menschen gehorchen. Ich will nicht herrschen. Ich gebe anderen keine Anweisungen und Ratschläge, wie sie leben müssen, um glücklich zu sein, denn ich weiß nicht, worin ihr Glück besteht. Menschen, lebt, wie ihr wollt! Ihr seid für mich in Ordnung so, wie ihr seid. Ich werde euch nicht vervollkommnen. Ich habe keine Zeit, euch zu vervollkommnen und glücklich zu machen. Macht das auf eigene Faust. Ich bin ein Egoist. Ich vervollkommne nur mich selbst.

„Gott, warum hast du mich unvollkommen erschaffen, obwohl du mich auch vollkommen erschaffen hättest können?"
„Was würdest du tun, wenn du vollkommen wärst?"
„Ich würde andere vervollkommnen."
„Von denen, die andere vervollkommnen, gibt es auch ohne dich schon etwas zu viele."

Tatsächlich gibt es zahlreiche Menschen, die sich selbst nicht zu vervollkommnen brauchen, deshalb vervollkommnen sie andere. Mich. Ihnen geht es darum, dass ich glücklich bin. Was ich tun muss, um das zu sein, wissen sie genau. Das sind die Menschen, die nicht nachdenken müssen, denn sie sind im Besitz des Wissens. Über sie schreibe ich. *Homo sciens*. Eine Abart des *Homo erectus*. Denn sie gehen aufrecht. Gute Menschen. Sie suchen das Glück nicht für sich selbst, sondern für mich. Sie wollen, dass ich mich wohlfühle, und nicht sie selbst. Es fällt mir schwer, sie zu verstehen, denn das Prinzip meines Lebens, von meiner Veranlagung diktiert, lautet *primo mihi*.

Zwei Menschen. Die Männer Mykolas und Mikalojus. Sie lieben dieselbe Frau und wollen sie heiraten. Die Frau sagt: „Ich liebe sie beide und bin ihnen beiden treu. Ich kann so leben. Aber ich kann nicht euch beide heiraten. Einer von euch muss darauf verzichten mich zu heiraten und unglücklich sein, damit der andere glücklich ist." Was soll man machen? Doch wenn der Mensch, dessen Name Mikalojus lautet, ich bin? Und mein Glück das Unglück von Mykolas ist? Muss ich wegen Mykolas auf mein Glück verzichten? Ich glaube nicht. Und der Evangelist Matthäus gibt mir das Recht dazu, denn auch ich will nicht, dass Mykolas meinetwegen auf sein Glück verzichte. Würde ich erfahren, dass irgendjemand unglücklich ist, dass ich der Schmied des Unglücks eines anderen Menschen bin, würde ich mich schlecht fühlen. Ich opfere mein Glück nicht für andere, und opfert ihr bitte euer Glück nicht für mich. Macht euch keine Sorgen um mich, wenn ich nicht darum bitte. Wenn ich einen „Sorgenden Christus" brauche, kaufe ich mir diese Statue auf dem Kaziukas-Markt. Nehmt nicht die mir zugedachten Leiden auf euch.

Mein Bruder Kristupas sitzt beim Festtagstisch. Edle Damen, die bei demselben Tisch sitzen, machen sich Sorgen um ihn: „Kristupas, du siehst nicht ganz glücklich aus", sagen sie, „und wir möchten, dass du ganz glücklich bist. Uns ist das unheimlich wichtig. Wir leiden. Wir packen dir die Spezialität des Hauses ein."

„Packt mir die Spezialität des Hauses nicht ein", sagt Kristupas. „Wenn es euch tatsächlich darum geht, dass ich ganz glücklich bin, so gebt mir Geld."

Die edlen Damen geben Kristupas kein Geld.

„Nein", sagen sie, „Wir packen dir die Spezialität des Hauses ein."

Kristupas hegt Zweifel an der Aufrichtigkeit der edlen Damen und hat dazu auch einen Grund. Und an die Aufrichtigkeit der Bekümmerten glaubt er nicht. Auch ich glaube nicht daran. Wunderbar wäre das Leben auf Erden, wenn es den Menschen nur um sich selbst ginge.

Das Leben auf Erden wäre ein Paradies, wenn es den Menschen dann um die anderen ginge, wenn diese es nötig haben.

Die Sorge um seinen Nächsten, wenn er diese Sorge nötig hat, ist die schönste Eigenschaft, die den Menschen vom Tier unterscheidet. Es gab und gibt Menschen, die sich um mich kümmerten, als ich das nötig hatte. Meine Samariter. Gäbe es sie nicht, wäre ich nicht einmal der, der ich jetzt bin. Ich vergesse sie nicht. Mein Dank geht an sie.

Aber es gibt eine überflüssige, lästige Sorge, die bedeutet: „Ich kümmere mich um dich, denn du bist ein armer Tropf und nicht imstande, dich um dich selbst zu kümmern." Ein schwacher Mensch ist bemüht sich zu beweisen, dass es noch schwächere gibt als ihn. Diesen Wunsch verstehe ich.

Ich bin ein Angsthase. Aus Angst, eine in die Fresse zu kriegen, bin ich besser als ich bin. Ich müsste mich über meine Ängstlichkeit freuen. Doch ich freue mich nicht. Ich will mir immer beweisen, dass ich mutig bin. An einem wunderbaren sonnigen Wintermorgen ging ich am Ufer der Neris bis zur Weißen Brücke. Der Fluss war mit einer dünnen Eisschicht bedeckt. Auf dem zugeschneiten Eis sah ich Vogelspuren, doch es gab keine Menschenspuren. Wer weiß, dachte ich, ob ich es wagen würde, den Fluss auf dem Eis zu überqueren. Dieser Gedanke ging mir durch den Kopf und ich konnte ihn auf keine Weise davon loskommen. Ich weiß, dass solche Gedanken nicht zu einem siebzigjährigen Alten passen, aber ich bin nicht der Herr meiner Gedanken. Ich fühlte, wenn ich nicht versuchen würde, den Fluss auf dem Eis zu überqueren, könnte ich mir selbst das ganze verbleibende Leben nicht mehr ins Gesicht schauen. Ich ging. In der Flussmitte knackte das Eis bedrohlich. Ich hielt an. Ich stand da. Ich wollte mich auf den Bauch legen und kriechen, doch mir kam in den Sinn, dass ich nicht zum Kriechen geboren bin, daher ging ich aufrecht über den Fluss. Mit stolzem Zittern. Ich hatte die Angst überwunden. Mein Sieg. Ich bewies mir, dass ich ein solcher Angsthase bin, der mutig ist. Deswegen ging ich über das Eis, obwohl die Weiße Brücke gleich daneben war. So geht die Geschichte.

Wenn sich ein Draufgänger mutig verhält, so ist das natürlich, es ist nicht sein Verdienst, sondern das seiner Natur. Niemand würde staunen. Außerdem sind die Draufgänger meist nicht klug, sie begreifen einfach die Gefahr nicht. Damit will ich sagen, dass ich kein Angsthase bin, sondern vernünftig. Wenn sich ein Angsthase mutig verhält, so ist das eine höhere Ebene des Mutes: Kühnheit. Die Menschen staunen.

Doch sie würden nicht staunen, wenn sie einen fliegenden Spatzen sähen. Sie würden ihn nicht einmal bemerken. Aber einen fliegenden Wurm würden sie bemerken.

„Ich sah heute einen Spatzen. Ihr werdet es nicht glauben. Der Spatz flog. Staunt und bewundert den Spatzen."
„Wir werden den Spatzen nicht bewundern. Alle Spatzen fliegen. Gott hat ihm Flügel gegeben. Die Flügel sind nicht das Verdienst des Spatzen."
„Ich sah heute einen Wurm. Er flog. Staunt und bewundert den Wurm."
„Wir staunen und bewundern den Wurm. Ihm wurden keine Flügel gegeben, er hat sie sich selbst wachsen lassen."
Die Flügel sind das Verdienst des Wurmes. Er ist ein Ikarus. Ein Held ist nicht derjenige, der als Held geboren wurde, sondern derjenige, der einer wurde, ohne als Held geboren zu sein. Geboren zu werden ist kein großes Verdienst.

Das alles betrachte ich von der hohen Warte meines Egos aus. Es ist grauenhaft für mich, die Welt aus dieser Höhe zu betrachten. Noch schlimmer ist es, mich selbst zu betrachten. Ich bin entsetzt über meinen satten Egoismus. Ich bin entsetzt über mich selbst. Es entsteht ein Hurrikan, und Tausende Menschen kommen um. „Das ist ein Unglück", denke ich und schlafe ruhig ein. Ein Unglück, das nicht mich trifft, ist mir nicht sonderlich wichtig. Eine Birne ist mir wichtiger. Als ich zwölf Jahre alt war, bekam ich keine Birne. Ich lebte in einer Familie mit vielen Kindern. Für jedes wurde eine Birne gekauft, und als man sie den Kindern austeilen sollte, stellte sich heraus, dass eine fehlte. Und ich bekam keine Birne. Ich war nie über die Maßen gewissenhaft, meine Angehörigen wussten das und waren sich daher einig, ich hätte die Birne genommen, als es niemand sah, und sie heimlich aufgegessen. Sie lagen falsch. Ich hätte mich nicht so verhalten. Nein. Hätte ich die Birnen gefunden, so hätte ich nicht eine genommen, sondern zwei. Eine hätte ich heimlich auf der Toilette gegessen, und die andere in der Nacht, als alle schliefen. Die hätte besonders gut geschmeckt, denn ich hätte sie heiß erwartet. Aber ich hatte überhaupt nicht gewusst, dass es zu Hause Birnen gab. Ich wurde zu Unrecht beschuldigt. Ich schlug an die Tür, rannte heulend in den Hof hinaus und erzählte diese quälende Geschichte meinen Freunden. Sie lachten mich aus. „Hast du also einen Grund zum Weinen gefunden. Wegen einer Birne. Wir geben dir eine Birne." Das schmerzte mich noch mehr. Mir ging es nicht um die Birne, sondern um Gerechtigkeit. Die Freunde verstanden mich nicht. Dafür verstand ich, dass das Leben unbarmherzig und ungerecht ist und dass ich in einer Welt, die man Tränental nennt, allein bin. Jedes Mal, wenn ich mich an diese Geschichte erinnere, kommen mir die Tränen. Ich sehe invalide, einsame Menschen, mit Delikatessen gefütterte Hunde und Kinder mit schönen, klugen Augen, die in Kellern heruntergekommener Häuser leben. Mir kommen keine Tränen. Ich selbst esse Delikatessen. Gerade jetzt, während des Schreibens, esse ich holländischen Käse und trinke süßen Kaffee. Ich lecke vom Honig. Wie kann ich über meine christliche Liebe zu Gottes Geschöpfen sprechen?

„In der Kirche wünschen mir die Menschen Ruhe", sagt Kristupas, „aber in den Bussen wünschen mir die Menschen keine Ruhe, in der Kirche ist den Menschen an mir gelegen, aber nicht in den Bussen. Warum?"

Mir möge man in der Kirche keine Ruhe wünschen. Ich brauche keine Ruhe. Ich werde langsam ärgerlich. Aus der Unruhe kommen meine Bilder. Eure Ruhe kümmert mich nicht, kümmert ihr euch nicht um meine Ruhe. Die Leiden anderer bereiten mir keine Freude, aber ich kümmere mich nicht allzu sehr darum. Ich bemühe mich, dass auch andere sich um meine Leiden nicht allzu sehr kümmern, und ich selbst würde mich gar nicht darum kümmern. Ich will mir selbst fremd und gleichgültig gegen die eigenen Leiden sein. Die höchste Ebene des Daseins. Ich bin bemüht, sie zu erreichen, damit mir die Wirkungen meiner Handlungen nicht wichtig sind. Das würde mir die Freiheit geben, mich zu verhalten, wie ich will. Ich will, dass alles für mich an Bedeutung verliert. Auch ich selbst. In der Bedeutungslosigkeit liegt das Glück. Ich will lernen, allein und glücklich zu sein. Ohne Hilfe anderer. Dann wäre ich stark.

Mein Lebensziel ist die glückliche Einsamkeit.

Gott spricht zu mir:

„Ich habe dir den Schmerz im Inneren gegeben, damit du den Schmerz von außen nicht spürst. Wenn dich jemand auf die rechte Backe schlägt, so halte ihm auch die linke hin, denn du wirst keine Schmerzen empfinden. Du wirst unbesiegbar sein, daher wirst du nichts fürchten.

Zu deinem Körper wirst du sagen: ‚Fleischklumpen, du hast einen Brei bekommen, damit du satt bist, und ich habe dir bei Humana für einen Litas ein Kleidungsstück gekauft, damit du nicht frierst. Was willst du noch? Lass mich in Ruhe. Ich bin nicht dein Diener. Du bist mir ziemlich egal.‘"

Grenzenlos und unerbittlich ist der Egoismus der Künstler, nichts kümmert sie, nicht einmal ihre Körper. Nur ihre eigenen Werke. Der Egoismus der bildenden Künstler ist mir am vertrautesten. Die Idee des Schaffens – so kann man das Bild bezeichnen, das im Kopf eines bildenden Künstlers wer weiß woher auftaucht – beherrscht ihn vollkommen. Ein Katzenjammer. Er springt in das Werk mit verdrehten Augen und miauend wie ein Kater auf die Katze. Er liebkost, streichelt, beißt, kratzt und würgt das angekommene Bild, bis er einen geistigen Orgasmus erlebt und es befruchtet. Er schafft Leben. Denn die Kunst ist das Leben des Bildes. Gibt es kein Leben, so ist auch das Bild nur ein Gegenstand. Eine Leiche.

Rimas Sakalauskas, ein Bildhauer, hat mir ein Werk geschenkt. Kein großes, es findet in einer Hosentasche Platz. So eine Fliese. Keine große Augenfreude. Unansehnlich. Ein wenig verziert. Aber lebendig. Ich habe sie neben den Computer gestellt und streichle sie wie eine Katze. Um mich zu beruhigen und meine Frau Nijolė nicht anzuschreien. Eine leblose Katze würde ich nicht streicheln.

Mit seiner ganzen Existenz konzentriert sich der Künstler auf das Schaffen des Bildes im Kopf und seine Verwandlung, die es für andere sichtbar macht. Nur auf diese Weise kann er das Bild loswerden, das ihn von innen her zerreißt und verbrennt. Er ist schwanger und kann nicht gebären. Ist das Bild geboren, bleibt der Künstler leer zurück. Eine starre innere Leere. Ein schrecklicher Zustand. Er tobt auf die ganze Welt, wartet auf ein Bild, es kommt nicht, er kriecht hinein in sich selbst, seziert sich selbst, dort findet er nichts oder er findet nur einen halbtoten Embryo, den man wachsen lassen muss, doch er weiß nicht wie und tobt noch mehr. Nichts Anderes ist ihm wichtig. Es ist unwichtig, was andere über ihn denken. Die anderen kümmern ihn überhaupt nicht. Künstler kümmern sich nicht einmal um sich selbst. Einen so hohen

Grad erreicht ihr Egoismus. Ein Egoismus, der von außen kommt.
Solche Menschen opfern ihr Leben nicht für andere. Sie opfern es auch nicht für sich selbst.

Die Evangelisten Matthäus und Lukas wollen nicht, dass ich ein Egoist bin.
Sie sagen:
„Liebe deinen Nächsten wie dich selbst... liebe deine Feinde."
„Gott der Evangelien, ich höre Dein Wort, ausgesprochen von den Aposteln, aber ich sehe Deine Augen nicht."
Bei dem, was Gott sprach und was die Menschen hörten, kann es sich nicht um dasselbe handeln.

Muss ich alle lieben wie mich selbst? Die Bösen wie die Guten? Sowohl den Künstler Giedrius Jonaitis, meinen Freund, wie den Mörder Katys Jonaitis? Beide gleich? Muss ich die einen mehr lieben und die anderen weniger? Für die einen mehr Liebe, für die anderen weniger? Wärme wird, wenn es wenig davon gibt, zu Kälte.
„Sei wie Gott", sagen mir die Apostel. „Er lässt doch die Sonne aufgehen für Böse und Gute. Für alle in gleicher Weise... *Sol lucet omnibus.*"
„Die Sonne ist gleichgültig. Sie liebt niemanden. Ihr ist es egal. Ich glaube nicht, dass Gott so ist. Ich bin auch nicht so. Ich leuchte nicht für alle. Nur für einige.
Würde ich alle Menschen lieben wie mich selbst, so würde ich auch all ihre Leiden durchleiden wie meine eigenen. Ich würde die ganze Zeit klagen und niemals lachen. Ich wäre eine Mutter, deren Kind alle vier Sekunden stirbt."
„Gott, wünschst Du mir wirklich ein solches Leben?"

„Na gut, Mikalojus, genug davon. Sei ein Egoist. Durchleide nur deine eigenen Leiden, du wirst ihrer genug haben, ich werde dich für das ganze Leben damit versorgen. Liebe dich selbst und liebe deine Nächsten nicht wie dich selbst. Liebe deine Feinde nicht. Bringe sie nur nicht dazu, so zu leben, wie du meinst, dass man leben soll, weil du weißt, wie man leben soll. Lass sie leben, wie ihre Natur, die ich ihnen gegeben habe, es ihnen gebietet. Sonst werden sie nicht glücklich sein.

„Jetzt verstehe ich Dich, mein Gott.“

DIE MELODIE DER FREIHEIT

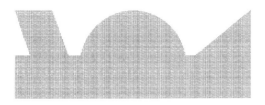

Im Winter machte ich eines Morgens etliche Behördengänge, um einige der Angelegenheiten zu erledigen, aus denen mein Leben besteht. Ich vergaß das Taschentuch. Wenn ich aus der Kälte in ein warmes Zimmer komme, fängt mir die Nase zu rinnen an. Ich dachte: „Ich werde das Amt betreten, mir wird die Nase zu rinnen anfangen und mich bei der Erledigung meiner Angelegenheiten stören." Beim Mülleimer lag eine fast saubere Decke. Ich riss ein Stück davon ab. Die Decke riss nur in eine Richtung, so kam es, dass ich ein langes und schmales Band von etwa einem Meter Länge und zwölf Zentimeter Breite abriss.

In der Pilies-Straße traf ich meinen Freund Giedrius Jonaitis. Seine Mantelknöpfe waren nicht in jedes Knopfloch geknöpft, sondern in jedes zweite, daher sah es aus, als wären im Mantel zweimal so viele Knöpfe als Knopflöcher. Um neun Uhr morgens war er bereits glücklich. Denn ganz von Morgen an hatte er getan, was er wollte. Seine Wünsche waren der Grund dafür. Er hatte normal getrunken, denn er wollte normal trinken, und auch noch deswegen, dass es sich gebührt, jeden Tag sinnvoll zu nutzen, den Gott einem geschenkt hat. *Carpe diem.*

Ich ging in das Amt, in dem ein Freund von Giedrius arbeite-
te. Giedrius hatte ihn schon lange nicht mehr gesehen, und
so entschied er, gerade jetzt sei der passende Zeitpunkt, ihm
einen Besuch abzustatten.

Im Amt saßen die Menschen bei der Arbeit vor dem Computer. Alle waren gewaschen, schön frisiert, so sauber und
weiß, als wären sie destilliert. In der sterilen Umgebung
befanden sich sterile lebendige und leblose Körper. Es hatte den Anschein, die Leute würden einander nicht kennen,
denn sie hätten dafür keine Zeit. Sie arbeiteten täglich und
viel. Das ist gefährlich. Die Arbeit kann zu einer schädlichen
Gewohnheit werden. Man kann es sich abgewöhnen zu leben. Sich selbst und sein Leben in einen Zweck zu verwandeln, aber nicht in ein Ziel. Ein Zweck kann nicht glücklich sein. „Ich arbeite nicht acht Stunden, sondern Tag und
Nacht, denn auch nach der Arbeit denke ich an die Arbeit.“
Mehr als einmal habe ich das mit Stolz sagen hören. Wozu
Freiheit? Was damit anfangen? Ich bekam auch noch zu hören: "Ohne Arbeit kann ich es keine 15 Minuten ertragen."
Ein Mensch, der so redet, kann in Wirklichkeit keine 15 Minuten Leben ertragen. Die Angst vor dem Leben zwingt zu
arbeiten. Man rennt in die Arbeit, um nicht leben zu müssen.
Um nicht nachdenken zu müssen. Um nicht sein zu müssen.
Wieder *cogito ergo sum*. Wieder das Leben – das ist ein Da-
vonrennen vom Leben. Wenn ein Mensch arbeitet, damit er
überlebt, so ist das eine Sache. Wenn ein Mensch arbeitet,
damit er nicht lebt, so ist das etwas ganz Anderes. Wenn ein
Mensch arbeitet, so hat das nichts mit *cogito* zu tun, sondern
er denkt nach, wo er einen Nagel einschlagen soll. Der Verstand wie der Hammer sind in diesem Fall ein Werkzeug zum
Einschlagen des Nagels. Das Denken ist nicht frei, es hängt
nicht vom Menschen ab, sondern vom Nagel. Davon, was

außen ist. Das Nachdenken ist frei, denn es ist kein Mittel, sondern ein Zweck. Es kommt nicht von außen, sondern von innen. Im Nachdenken ist Gott. Der Richter, der im Inneren ist. Das Gewissen. Die größte Last. *Die Arbeit schützt uns vor drei großen Übeln: vor der Langeweile, dem Laster und dem Elend.* So sagt man. Aber man kann es auch so sagen: „Die Arbeit schützt uns vor drei großen Übeln: der Freiheit, dem Nachdenken und dem Leben."

Darin liegt der Wert der Arbeit.

Und diejenigen, für die die Arbeit ein Fest ist, mögen ihre Feste feiern.

Ein Dialog aus Tschechows Stück „Der Kirschgarten":

Firs

Vor dem Unglück war es genauso: Die Eule heulte, und der Samowar summte in einem fort.

Gajew

Vor welchem Unglück?

Firs

Vor der Freiheit.

Wäre ich König, so gäbe ich allen Menschen so viel Geld, wie ausreicht, dass sie satt sind, es warm und einen Ort zum Leben haben. Arbeiten würden diejenigen, die nicht wissen, was sie mit dem Leben und der Freiheit anfangen sollen, und die armen Tröpfe, die mit dem, was ausreicht, nicht genug haben. Es würden sich viele finden, die arbeiten. Alles, was der Körper nötig hat, würden sie ausführen. Jetzt wissen die Menschen oft nicht, was und wozu sie arbeiten. Meiner Ansicht nach müsste man fünfundsiebzig Prozent der arbeitenden Menschen dasselbe Gehalt zahlen, das sie in der Arbeit bekommen, oder sogar ein höheres, damit sie nur ja nicht arbeiten. Es wäre für alle besser. Ein Traum. Sie werden trotzdem irgendetwas arbeiten. Nur Genies können gar nichts arbeiten. Das Leben ist eine Kunst: glücklich sein ohne etwas zu tun.

Im Amt, in das ich mit Giedrius hinging, fühlte ich mich als Fremdkörper. Überflüssig. Ich hielt die Menschen von der Arbeit ab. Man möchte seine Angelegenheit erledigen und so schnell als möglich weggehen. Giedrius hatte etwas anderes vor. Er scharwenzelte durch das Büro und erklärte dem Personal die tiefsten Lebenswahrheiten. Ich fühlte mich unbehaglich – ich hatte einen Freund mitgebracht, der die Leute bei der Arbeit aufhielt. Hernach dachte ich, mit Giedrius Jonaitis sei die Freiheit in das Büro eingedrungen. Von einem Tisch zum anderen scharwenzelnd verbreitete Giedrius den Duft von Schnaps und Freiheit. Er erinnerte die Menschen, die bei den Tischen saßen, daran, dass über der Decke der Himmel ist. Ebenso verbreitetes sein falsch geknöpfter Mantel die Unabhängigkeit einer Person von einem Mantel – die Freiheit. Beim Hinausgehen aus dem Büro bemerkte ich, dass mir mein Mülleimer-Taschentuch fast bis zum Fußboden aus der Hosentasche hing. Das war kein sehr ästhetischer Anblick, aber er roch ebenfalls nach Freiheit, nach dem Nicht-ernst-Nehmen dessen, womit man sich die Nase putzt. Nach dem Nicht-ernst-Nehmen des Lebens. Gott hat dem Menschen ein bedeutungsloses und glückliches Leben gegeben, doch der Mensch hat es in eine bedeutungsvolle Arbeit verwandelt.

....

„Wie siehst du denn aus! Schmutzige Schuhe, der Mantel mit irgendetwas bekleckert, und aus der Hosentasche hängt dir ein Fetzen heraus. Du bringst den Menschen keine Achtung entgegen", sagt man mir.

„Stimmt, ich bringe den Menschen keine Achtung entgegen, aber nur denjenigen nicht, die meine hässliche Kleidung, nicht jedoch meine verdämmernde Schönheit sehen." Wenn ich mit Petras Repšius Schnaps trinke, sagt er zu mir: „Mikalojus, trinken wir auf deine verdämmernde Schönheit." Petras achte ich. Er sieht.

Von solcher Art ist mein Gerede. Doch vielleicht irre ich mich, denn ich bin völlig degeneriert. So denke ich bisweilen, denn ich habe in der Zeitschrift, die auf dem Küchentisch lag, gelesen, dass nur ein völlig degenerierter Mensch eine Kleidung tragen kann, die vor fünf Jahren in Mode war. Ich bezweifle, ob meine Kleidung überhaupt jemals in Mode war. Damit bin ich nicht allein. Nicht nur ich, sondern auch die litauischen Intellektuellen sind völlig degeneriert. In Wirklichkeit denke ich nicht so. Die Menschen sind verschieden, es gibt zwei gleichwertige Gattungen. Die einen bringen es zustande, 30 Paar modischer Schuhe zu erwerben, die anderen zu begreifen, dass sie keine 30 Paare brauchen, denn sie haben keine 30 Paar Füße. Ich wohne in einem Plattenbau, um den ich nicht mit dem Hammer in der Hand herumtanzen muss, ich habe zwei Beine, die mich dorthin tragen, wohin ich will, ich habe einen Bauch, dem es egal ist, was ich in ihn hineinstopfe. Ich zeichne und schreibe, was ich will und wann ich will. Bei gutem Wetter nehme ich meinen Enkel Šarūnas, seine Cousine Elena und das kleine Mädchen Saulė, wir steigen in den Linienbus ein, fahren zu einem wunderbaren Bach, machen ein Lagerfeuer, braten Würste und kochen Kaffee. Bach, Feuer, Kaffee, Würste und Freiheit. Das ist es, was das Glück ausmacht.
Vorfrühling, der Schnee ist noch nicht überall geschmolzen, Schlamm, Lehm, Eiswasser, denn das Eis ist auch noch nicht

überall geschmolzen, die Bäume ohne Blätter, grüne Fichten mit traurigen Zweigen und grüne Kiefern. Die Kinder nass vom Kopf bis zum Fuß und so schmutzig, dass man nicht feststellen kann, welcher Art oder Gattung sie angehören. Ich spreche sie nicht darauf an, denn ich bin gänzlich unfähig, um irgendetwas zu bitten, zu befehlen, ich kann keine Ratschläge erteilen, denn ich hege Zweifel und weiß nie, ob ich Recht habe. Daher zweifeln auch die Kinder an mir, sie glauben mir nicht und fragen mich nichts. Wenn ich aus Ohnmacht wütend werde und schreie, blicken sie mich an, und in ihren schönen und klaren Augen ist nicht Angst, sondern Spott. Ich stamme von Leibeigenen und Rekruten ab und bin nicht in der Lage, Befehle zu erteilen, dafür bin ich nicht geschaffen. Neben mir fühlen sich die Kinder als Herren ihres Lebens. Ich lasse sie machen, was sie wollen, damit sie selbst verstehen, was gut ist und was böse. Sie sind glücklich. So glücklich, dass sie vor Glück quieken wie Schweine beim Abstechen. Die schönste Musik meines Lebens. Die Melodie der Freiheit. Saulė sind die Schuhe von den Beinen gerutscht, sie treiben im Bach, tauchen unter umgekippte Bäume, tauchen wieder auf, und die Strömung treibt sie weit fort. Auch sie haben ihre Freiheit. Denn sie schwimmen, und damit hat es sich. Nicht irgendwohin. Die Schuhe sind schmutzig und schön. Auch das Leben ist schmutzig und schön, und es hat kein anderes Ziel, nur sich selbst. Das, was kein Ziel für sich selbst ist, ist ein Mittel. Auch der Mensch muss ein Ziel sein. Nach sich selbst streben. „Er hatte ein Ziel, er hat ein Haus gebaut." Großartig. „Sein Leben war ein Mittel, um ein Haus zu bauen." Ein und dasselbe, nur gar nicht mehr großartig.

Meine Nichte Ieva würde mir streng, aber mit Recht sagen, dass ich mich wiederhole, über das Mittel habe ich schon gesprochen. Ich dresche leeres Stroh. Das würde mich in den Rang eines Philosophen erheben. Denn Philosophie ist eben leeres Stroh dreschen. Sie ändert gar nichts.

Ein Leben für die Zukunft. Die Zukunft ist den Würmern zugedacht. Ist es denn wert, sein Leben den Würmern zu widmen? Die Kinder leben jetzt, nicht in der Zukunft. Kinder verstehen sich darauf, glücklich zu sein, denn ihr Leben hat noch kein Ziel, das es anzustreben gilt. Ein Ziel, das man mit Mühe erreicht hat, bringt keine Freude, nur innere Leere. Als Ostap Bender seinen Traum verwirklicht und eine Million erworben hatte, verspürte er kein Glück, sondern den Druck der Atmosphäre. *Der Traum eines Idioten hat sich erfüllt –* so sagte es Ostap Bender. Am reichsten sind diejenigen, die glücklich sind. Die Kinder. Kinder wissen, dass man nach dem Glück nicht streben muss. Es ist da. Wie ein sonniger Tag, wie das klare Wasser eines Sees, wie der ziellose Flug der Vögel, der die Menschen an die vergessene Freiheit erinnert. Eine ziellose Handlung. Ein zielloses Leben. Nur ein solches ist glücklich. Nur das Sinnlose hat Sinn. Die Kinder werden groß und beginnen, sinnvoll zu leben. Sie vergessen, wie man glücklich ist. Denn sie werden Menschen. Das Hier und Jetzt ist nicht für die Menschen. Die Kinder sind glücklich, denn sie sind noch keine Menschen, sie sind Engel. Auch ich möchte ein Engel sein. Ich will nicht weise sein. Die Weisheit verbietet zu leben. Die Weisheit spricht: Lebe nicht jetzt, pflanze jetzt einen Baum, kümmere dich um ihn, züchte ihn, bis er groß wird und Früchte trägt. Dann wirst du leben und dich an den Früchten deines Baumes erfreuen. Nur sind die Früchte zu hoch, ich kann sie nicht erreichen. Zu spät. Die Kraft hat mich verlassen. Sie ist versiegt, während ich den Baum gepflanzt habe.

Meinem zehnjährigen Enkel Šarūnas sage ich sehr vernünftig: „Lebe nicht jetzt, bereite dich jetzt nur vor zu leben. Mache dich für die Zukunft zu dem, der du sein willst, sonst werden dich andere zu dem machen, den sie wollen. Der, der du jetzt wirst, bist du das ganze Leben. Verstehst du?" – „Ich verstehe, sagt mein Enkel. Aber er ist traurig. Kinder senken in Gegenwart eines Erwachsenen die Augen, sie sind bestrebt, dass er sie nicht sieht. Dass er nicht in ihre Seele eindringt mit seinem Wissen, wie man leben muss. Um das Lachen nicht zu vergessen.

Ich habe das Lachen vergessen, denn ich habe mich nicht am Leben erfreut. Die Kinder aber erfreuen sich daran. Das heißt, es gibt etwas, um sich zu erfreuen. In Gegenwart von Kindern werde ich zu einem Kind und sehe das Leben mit ihren Augen. Das Leben ist interessant geworden. Wie für ein Kind. Ich beginne, Gott zu lieben. Wie viel Er mir gegeben hat – nimm.

Einen Sommer am See von Siesartis hat er mir gegeben. Ich setze mich in ein Boot und fahre auf die Insel zum Frühstücken. Mein Frühstücks-Apartment. Könige würden darüber vor Neid erblassen, wenn die Sonne scheint und das Lagerfeuer brennt. Ich erschlage einen Fisch. Ich nehme ihn nicht aus, stoße ihm nur einen Holzstab durch die Kehle und brate ihn auf offenem Feuer. Was für ein Geschmack! Der ganze Saft darin. Warm. Klares Wasser. Wie ein Raum. Ich kann im Wasser herumlaufen. Blauer Himmel. Träume. Poesie. Liebe. Zustände, die ich beim Zeichnen erlebe. Zustände, die ich erlebe, wenn ich allein bin und nichts mache. Schon lange ist klar, dass die besten und wichtigsten Dinge nichts kosten. Gottesgeschenke. Gott hat dem Menschen alles gegeben, damit er glücklich sei. Nur war das dem Menschen nicht genug. Es verlangt ihn zu wissen. Und Gott hat ihn mit dem Wissen über den Tod bestraft. *Wegen der Drangsal seiner Seele wird er sehen und schauen.*

....

Eine Welt, in der der Mensch aus vier Elementen gemacht ist: Feuer, Luft, Wasser und Erde. Diese vier Elemente des Empedokles sind von Bedeutung für den menschlichen Körper. Ohne Feuer würde der menschliche Körper im Dunkel umherirren, bis er sich erkältet, ohne Luft würde er ersticken, ohne Wasser würde er vor Durst sterben und ohne Erde würde er verhungern. Diese vier Elemente verbinden Liebe und Hass.

Doch das menschliche Leben auf dieser Erde setzt sich aus zwei Elementen zusammen: Feuer und Wasser. Aus dem Bösen und Guten. Verstand und Herz. Das Herz ist das Leben: das Feuer. Der Verstand ist das Wasser: die Pflicht. Zwischen ihnen darf es weder Liebe noch Hass geben, nur eine dichte Wand. Wenn es die Wand nicht gibt, wird das Wasser das Feuer überschwemmen, und die Existenz des Menschen wird zu einer schmutzigen Pfütze, in der die verkohlten Holzscheite des Glücks schwimmen. Der Pflicht kann der Mensch nicht entgehen, doch diejenigen, die leben, können sie vergessen. Nur dann leben sie auch. Für das Leben – ja. Für die Pflicht – nein. So lautet mein Credo.

Ich beobachte Kinder und sehe die große Lebenskunst. Die große Kunst des Glücks: „Jetzt haben wir es gut. Immer ist jetzt. Wir sind nur jetzt. Immer haben wir es nur gut." Kinder vergessen Vergangenheit und Zukunft. Das Glück in der Vergessenheit. *Sorgt euch also nicht um den morgigen Tag, denn der morgige Tag wird für sich selbst sorgen.* Die Glücksformel. Für Kinder ging es kein Morgen. *Nur hier und jetzt, hier und jetzt.* Die Verschmelzung mit der Natur, in der es keine Pflichten gibt.

Es ist schon fünf Uhr. Um sechs MUSS das Mädchen Saulė in der Stadt sein. Man MUSS auf der asphaltierten Straße gehen. Man MUSS in den schrecklichen Autobus einsteigen und dorthin zurückkehren, woher man gekommen ist.
Beklemmende Stille. Das Lagerfeuer verlöscht. Schmutzig und kalt. Das Leben geht zu Ende. Es beginnt die Pflicht. Traurige Kinderaugen.

Sehr oft, allzu oft, wiederhole ich „das Leben" oder „leben", denn ich weiß nicht, was diese Worte bedeuten. Bis jetzt. Auf dem Sterbebett werde ich es erfahren. Ich werde mein Leben von neuem leben, nur wird es keine Abfolge von Ereignissen sein, sondern die Zustände meiner Erfahrung. Nicht an alles werde ich mich erinnern. Nur an diese seltenen Augenblicke, in denen ich gelebt habe. Derentwegen es wert war zu leben. Ich ging durch einen unwegsamen Wald, zwängte mich durch Himbeersträucher und junge Fichten, gelangte auf einen Platz mit seltenen Bäumen und sah zwei Rehe. Ein Männchen und ein Weibchen. Sie spielten so schön, tanzten so anmutig und küssten sich so unschuldig und zart, dass ich dastand und es mir die Sprache verschlug angesichts dieser Schönheit. Wenn ich auf dem Sterbebett liege, werde ich mich an sie erinnern – an die Rehe Romeo und Julia, aber nicht an den Tag meines Triumphes, als ich mit einem ehrenvollen Preis ausgezeichnet wurde. Und dann werde ich erfahren, was wirklich gezählt hat in meinem Leben. Zu spät. Für mich ist es immer zu spät.

GENERATIONEN

Nika, die Tochter meines Freundes Kastytis, mit der ich mich über das Leben unterhalte, war glücklich. Sie sage immer wieder: „Gestern war es gut, heute ist es sehr gut, und morgen wird es noch besser sein." Ein angelernter Optimismus. Jetzt sagt sie, dass das Leben eine Qual ist. Sie hat das Glück aus ihren Händen entweichen lassen. Sie hat eine Sünde begangen. Sie hat die Frucht vom Baum der Erkenntnis gekostet.

Die schmerzliche Erfahrung meines jüngeren Bruders Kristupas als Kleinkind erinnert ebenfalls an die schmerzliche Geschichte der Frucht vom Baum der Erkenntnis. Ich habe einer Puppe den Kopf abgeschnitten aus Erkenntnisdrang, Kristupas hingegen griff gleichfalls aus Erkenntnisdrang mit der Hand in die Flamme einer Kerze. Das passierte im Bezirk Jeruzalė im Norden von Vilnius.

Einige Jahre wohnten wir dort. Mamma, Papa, Kristupas und ich. Im Haus gab es keinen Strom, daher brannte abends auf dem Tisch eine Kerze. Kristupas versuchte hartnäckig, die Kerzenflamme zu berühren. Mamma erlaubte ihm das nicht, denn sie wollte nicht, dass er sich die Hand verbrenne. Kristupas schrie, bis Mamma die Geduld riss. „Bitte." Sie schob die Kerze näher an Kristupas heran, damit er es bequemer hätte, die Idee zu realisieren. Interessiert beobachteten wir den Prozess. Kristupas streckte die Hand zur Kerzenflamme aus, und sein Gesicht leuchtete vor Lebensfreude und Dankbarkeit gegen Mamma. Solche Gesichter haben Menschen, die gleich bekommen werden, wonach es sie verlangt. Aber als Kristupas bekam, wonach es ihn verlangte, schrie er vor Schmerz. So ist das Leben. Mein Bruder berührte die Kerzenflamme, als hätte er die Wahrheit berührt. Die Erfüllung eines Traumes.

Diese Geschichte ereignete sich am Abend jenes Tages, als Kristupas dem Maler Antanas Gudaitis mit einem Knüppel auf dem Kopf geschlagen hatte. Wollte Gott Kristupas vielleicht dafür bestrafen? Das bezweifle ich. Kristupas war vielleicht eineinhalb Jahre alt, und wer weiß, ob er den Zusammenhang dieser beiden Ereignisse durchschaut hätte. Die Strafe Gottes hätte keine erzieherische Wirkung gehabt. Sie wäre sinnlos.

Wollte Gott vielleicht Kristupas auf verständliche Weise erklären, dass es manchmal wert ist, auf ältere Menschen zu hören, denn sie haben schon gelebt und kennen das Leben besser, und daher wissen sie besser, wie man mit ihm kämpfen muss? Nach meinem Verständnis nicht. Kinder wollen das Leben selbst kennenlernen und nicht mit ihm bekannt gemacht werden. Sie wollen selbst barfuß den dornigen Weg der Erkenntnis gehen, um das Leben wie eine Nadel auf den Fußsohlen zu spüren. Damit durch den Schmerz die Weisheit komme. Die echte, die eigene. Dieser Wunsch kommt von Gott. Doch die Eltern wollen ihre Kinder vor dem Leben beschützen, damit sie in einem Glashaus aufwachsen.

„Wir wollen unseren Kindern Gutes, doch die Kinder wollen unser Gutes nicht. Wir verstehen einander nicht. Ein Generationenkonflikt. Unsere Kinder sind schlimm. Sie verstehen uns nicht", klagen die Eltern. Doch warum sollten die Kinder die Eltern verstehen? Sie waren noch niemals Eltern. Die Eltern hingegen waren Kinder. Daher sollten sie die Kinder verstehen, und nicht umgekehrt. Die Alten denken, sie leben, wie es sich gehört, die Jungen hingegen nicht. Daher sollen die Jungen ihr Leben, das der Alten, leben und nicht ihr eigenes. „Ehre deinen Alkoholiker-Vater und deine Alkoholiker-Mutter." Gottes Gebot. Warum? Wozu mich ehren, wenn ich ein *Homo sovieticus* des vergangenen Jahrtausends bin, der sich im gegenwärtigen Leben nicht zurechtfinden kann? Ich komme aus einer anderen Welt. „Sag mir, mein Enkel Šarūnas, wie man in dieser Welt leben muss." Es gab Zeiten, als das Leben hundert Jahre lang dasselbe war. Ich fragte meine Großeltern, wie ihre Kindheit war. Außer einigen unbedeutenden Dingen waren unsere Kindheiten dieselben. Dasselbe Leben lebten Eltern und Kinder, die Großeltern auch, und je länger sie lebten, umso mehr Wissen, wie man sich in einer Welt verhalten muss, die sich nicht verändert, erwarben sie. Das Alter war mit Weisheit verbunden, jetzt hingegen ist das Alter verbunden mit völliger Orientierungslosigkeit in diesem Leben. Viel zu schnell ändert sich alles. Es gibt keine Zeit und keinen Bedarf, Weisheit zu erlangen. Und es gibt auch keine Möglichkeit dazu, denn Weisheit ist die Summe aus Verstand und Erfahrung. Nur Beständigkeit verleiht Erfahrung. Doch heutzutage gibt es nichts Beständiges. Es ist keine Zeit zu verstehen, was man in diesem Leben nicht braucht. Es braucht eine schnelle Orientierung, nicht Weisheit. Daher können sich Eltern jetzt die Kunst ihrer Kinder erwerben, wenn sie ihnen Geld geben, und nicht ihre Weisheit. Daher sind die Kinder aufgebracht, wenn ihnen die Eltern erklären, wie sie leben sollen.

Laufe, mein Kind, auf der Oberfläche des Lebens so schnell als möglich, damit du leicht bist, damit du nicht in die Tiefe stürzt, wo keine Sonne ist.
Dort ist nur die Dunkelheit und der Angstschrei: „Wo bin ich?"

Vielleicht ist der Generationenkonflikt erfunden, vielleicht ist er künstlich, weil er den Verkäufern nützt, die die Herrscher dieser Welt sind? Nicht der Mensch schafft die Umgebung, sondern die Umgebung den Menschen. Das behauptet Karl Marx. Die Menschen sind Flüssigkeiten, die die Form der Umgebung annehmen, in die sie gefüllt werden. Flüssige Menschen. Diejenigen sind am stärksten, die keine eigene Form haben, daher fühlen sie sich in jeder beliebigen Form wohl. Auch wenn einem das sehr gegen den Strich geht, hat Marx vermutlich Recht. Allem Anschein nach gibt es nicht viele Menschen, die sich selbst erschaffen. Heute ist die Zeit der Massenproduktion und der Dinge der Massenproduktion, und es gibt eine Umgebung, die Massenmenschen schafft, die diese Dinge nötig haben. Die Dinge sind im Geschäft, in den Händen der Verkäufer. Das Glück ist in den Händen der Verkäufer. Und sie beherrschen auch ihre Geschöpfe – die Massenmenschen. Allerdings ist das von den Verkäufern suggerierte Glück ein sehr fragwürdiges. Wenn die Menschen älter werden, bemerken sie langsam, dass das im Geschäft erworbene Glück kein Glück bringt. Ein junger Mensch arbeitet hart, kauft sich teure Kleidung und ist bemüht, sie nicht zu beschmutzen, zu zerreißen oder nass zu machen. Er gibt gut darauf Acht. Doch wer muss worauf Acht geben – der Mensch auf die Kleidung oder die Kleidung auf den Menschen, dass der Mensch sich nicht beschmutzt, nicht zerreißt und nicht nass wird? Eines Tages denkt der Jugendliche, wenn er schon älter wird, daran. Und er denkt nicht nur daran, sondern er vertraut auch darauf, was er schon längst begriffen hat. Dass die Dinge nicht ihm dienen, sondern er den Dingen. Je mehr Dinge und je unnötiger sie sind, umso schwerer fällt der Dienst an ihnen. Der älter werdende Jugendliche beginnt, nicht an das zu denken, was er braucht, sondern an das, was er nicht braucht. Und er bemerkt schreit er auf wie Sokrates: *Wie viele Dinge gibt es auf der Welt, die ich nicht brauche!* Und er hat sie überhaupt nie gebraucht. Jugendliche können das hören und einige auch glauben und nicht kaufen. Und das wäre eine Rebellion gegen die Beherrscher und Verkäufer der Welt. Sie sind schon lange schädlich. Man muss sie unschädlich machen. Man muss laut und oft darüber sprechen, dass sie schon längst den Fortschritt bremsen, daher muss man sie verächtlich machen und dem, was sie sagen, keinen Glauben schenken.

Jetzt ist das Zeitalter der Jugend. Das ist die Losung der Verkäufer. Das, was oft und laut gesagt wird, wird zur Wahrheit, hat Lenin gesagt. Daher sind Losungen, auch unbegründete, von Bedeutung. Einen tiefen Eindruck hat mir eine früher einmal gezeigte Fernsehwerbung hinterlassen. Ich erinnere mich nicht an Details, nur an das, was am wichtigsten ist. „Wenn ihr frei und glücklich sein wollt, so kauft und kaut den Kaugummi ‚Durnol‘“, verkündete die Werbung. Ein reizender Jugendlicher kaufte und kaute den Kaugummi, doch hysterische Vierzigjährige hatten ihm schon lange zugerufen, er werde beim Kauen weder frei noch glücklich sein. Doch der reizende Jugendliche fragte nicht sie, sondern die Verkäufer, und sein Leben wurde zum Paradies, das auch der Fernseher zeigte: Sonnenschein, weißer Sand, blaues Meer, und in seinen Wellen plantscht und kreischt der Jugendliche mit drei Schönheiten. Die Schönheiten kreischen auch.

Die Unmoral: „Hört auf uns, die Verkäufer, und der Weg ins Paradies steht euch offen. Quält euch nicht, kaut, denkt nicht nach, wir, die Verkäufer, werden für euch denken, denn wir wissen besser, was ihr in diesem Leben braucht. Wir werden bessere Menschen schaffen als Gott. Glückliche. Alle.“

„Gott, du bist doch allmächtig. Warum hast du die Menschen unglücklich erschaffen, obwohl du sie auch glücklich hättest schaffen können? Gott, ich verstehe Dich nicht."
„Doch eine Katze verstehst du?"
„Nein."
Du Dummkopf, eine Katze verstehst du nicht, und mich willst du verstehen?"

Gott ist unverständlich. Er hat sich vor den Menschen verborgen. Wie soll man den Weg zu ihm finden? Warum verbirgt er sich? Aber vielleicht gibt es ihn gar nicht? Dann gibt es auch das Paradies, das er im Himmel verspricht, nicht. Und den Himmel gibt es dann auch nicht. Wir, die Verkäufer, versprechen euch kein Paradies im Himmel, den es nicht gibt, sondern schaffen euch das Paradies *hier und jetzt*. Auf Erden. Fünf Tage lang werden wir Dinge schaffen, und am sechsten schaffen wir den Menschen, der diese Dinge nötig hat. Der Mensch ist das, was er will. Wir werden den Menschen schaffen und ihm sagen, was er will. Wir werden seine Wünsche schaffen. Einen Willen. Er wird Wurst wollen, und wir geben ihm Wurst. Wir werden den von uns geschaffenen Menschen nicht quälen.

„Gehe den Weg zu Gott, und die Menschen werden dir folgen."
Solche Zeiten hat es gegeben.
„Habe eine Wurst, und die Menschen werden dir folgen."
Solche Zeiten herrschen jetzt.

Wir, die Verkäufer, kennen den Weg zu Gott nicht und zweifeln an denen, die sagen, dass sie ihn kennen. Wir haben eine Wurst, an der es keine Zweifel gibt. Folgt uns wie kleine

Hündchen, mit Bändchen geschmückt. Habt keine Zweifel und es wird euch gut gehen, denn dem Menschen geht es deswegen schlecht, weil er zweifelt. Deswegen, weil der Mensch denkt. Der Verstand ist ihm gegeben.

Wisst. Der Verstand ist die Ursache der Leiden, die Störung in der von Mikalojus Vilutis beschriebenen Konstruktion, die dazu da ist, um durch ein Loch zu essen und sich durch zwei Löcher zu entleeren. Der Verstand versteht sich selbst nicht, er weiß nicht, was er will, er hat kein klares Ziel, außer sich selbst. Für jeden Verstand gibt es ein verschiedenes Paradies. Sechs Milliarden verschiedener Paradiese. Vielleicht kann Gott, den es nicht gibt, auch für jeden ein Paradies nach seinem Belieben schaffen, nur nicht auf Erden. Die Erde ist eine einzige, und das Paradies auf ihr kann nur ein einziges sein. Dasselbe für alle, denn auch die Erde ist dieselbe für alle, und auf derselben Erde sind die einen Menschen glücklich und andere unglücklich. Denn der Verstand verschiedener Menschen bringen verschiedene Wünsche hervor, die dieselbe Erde nicht befriedigen kann. Die einen wollen niederreißen, die anderen aufbauen. Solange es den Verstand gibt, können Gleichheit und Brüderlichkeit auf Erden nicht herrschen. Doch essen wollen alle. Gleichheit – Brüderlichkeit. Dieser Wunsch kommt aus dem Bauch. Ein gerechtfertigter Wunsch. Der Mensch kommt aus dem Bauch, und seine Wünsche müssen aus dem Bauch kommen. Das ist alles. Für den Bauch sind die Menschen gleich und die Wünsche aller Bäuche sind gleich. Einfach und genial. Alle Revolutionen von Gleichheit und Brüderlichkeit gingen in die Irre, denn sie haben nicht den Verstand ausgerottet, sondern die Menschen, die Verstand haben. Wir werden den Menschen Fernseher und den Kindern der Menschen Computerspiele geben, die ihren Verstand ausrotten wie eine bösartige Geschwulst, die das Leben unerträglich macht, denn der Verstand sieht die Zukunft, und die Zukunft ist das Ende. Das Glück ist ein einziges, wie die Wahrheit. Das Glück ist auch die Wahrheit. Glückliche Menschen sind gleich, unglückliche hingegen verschieden. Kann man ein Silbergefäß aus Ton machen? Kann man eine glückliche Menschheit aus unglücklichen Menschen schaffen? Man muss gleichförmige Menschen schaffen. Und wir werden sie schaffen. Wir werden Menschen schaffen, die nur Bauchwünsche haben, und wir werden sie alle befriedigen. Die Menschheit wird auch die Seele der Menschheit verfetten lassen, aus der das Leid kommt, das aus unterschiedlichen Wünschen hervorgeht, sie wird in einem satten Körper einschlafen wie auf einem weichen Federbett. Dann werden alle gleich sein und gleich sein wollen, und alle werden gleiche Gesichter haben, wie Schafe in einer Herde. Wir, die Verkäufer, werden sie hüten. Wir werden gute Hirten sein. Wir sind Götter. Wir werden eine Welt erfüllter Träume schaffen, in der glückliche Menschen herumgehen, die ihre Bäuche streicheln. Vertraut auf die Kompaktheit des Bauches und geht in ihr auf. Der Bauchzentrismus – die helle Zukunft der Menschheit.

IEVA, DIE PFLANZENFRESSERIN

Meine Nichte Ieva lebte nicht die ganze Zeit. Sie stieß mit dem Leben zusammen und lebte ein Jahr lang nicht. Sie sah, dass das Leben nicht so ist, wie sie es sich erhofft hatte, sondern viel schlechter. „Ein Jahr lang habe ich nicht gelebt, das Leben hat mich aufgefressen." Danach entschied sie, sie müsse das Leben auffressen, und nicht das Leben sie. Der Lebenswille. Das geschieht mit Menschen, denen Gott einen Verstand gegeben hat.

Ein befristeter Tod gebiert den Menschen. Reinkarnation bedeutet die Rückkehr ins Fleisch. Kehrt ein Mensch ins Fleisch zurück, schaut er sich mit neuen Augen um und sieht, dass die Welt nicht nur für ihn erschaffen wurde. „Aha", denkt er wiedergeboren, „nicht nur ich leide, auch die anderen leiden." So tröstet der Mensch sich selbst, und es wird für ihn gut zu leben.

Ieva meint, dass nicht nur sie, nicht nur die lebenden Menschen, sondern auch andere Lebewesen, von denen wir nur die Körper sehen, ohne etwas von ihnen zu wissen, genauso Traurigkeit und Freude empfinden, lieben und Sehnsucht haben.

Ich versuche, Ievas Gedanken nachzuvollziehen. Sie glaubt, das Leben sei ein Gut, und sie erkennt niemandem das Recht zu, es einem Lebewesen zu nehmen und dieses hernach aufzuessen. Menschen, die Herz und Verstand besitzen, gereicht ein solches Verhalten, meint sie, nicht zur Ehre. Ieva lehnt es kategorisch ab, dass in ihrem Heim irgendetwas sei, das früher lebendig war, etwas aus einer Haut, die von Knochen abgezogen wurde, aus echtem Fell, oder dass es Fleisch von toten Tieren gäbe, von dem sich ihre Eltern als Fleischesser ernähren. Sie meint, wenn ein Lebewesen ein Lebewesen isst, so sei das Kannibalismus. Das Essen ungeborener Vögel. Abscheuliche Dinge geschehen um uns, die Menschen haben sich nur daran gewöhnt, darum bemerken sie sie nicht. Die Menschen essen die Kinder der Schweine. Warum essen sie fremde Kinder? Wenn sie unbedingt Kinder essen müssen, dann sollen sie doch ihre eigenen essen. Sollen sie sich doch an Kronos ein Beispiel nehmen. Kronos ist doch ein Gott. Der Evangelist Markus sagt: ...*seid vollkommen, wie euer himmlischer Vater vollkommen ist.* Wäre Ieva eine achtsame Christin, so würde es ihrer Aufmerksamkeit nicht entgehen, dass Gott selbst ein Fleischesser ist. Er hat das Pflanzenopfer von Kain nicht angenommen, das Tieropfer Abels hingegen hat er angenommen. Und Ieva würde ihre Aufmerksamkeit auch darauf richten, dass Gott alle Lebewesen ohne Ausnahme getötet hat. Ich gebe Ieva nicht den Rat, sich an Gott ein Beispiel zu nehmen, doch die Getöteten allzu streng anzuprangern, steht ihr auch nicht zu.

Kuinas (ein Spitzname), mein Freund und der meines Bruders Kristupas, denkt anders als Ieva. Kristupas fängt Fische, und Kuinas isst sie an Ort und Stelle, lebendig und zappelnd. Kuinas hat keine Angst vor der lebendigen Wahrheit. Er verwirft das Leben nicht. Er akzeptiert es so, wie Gott es gegeben hat. Ungereinigt, roh und ungewürzt. Eine tiefe, intuitive Verehrung Gottes, der die Welt erschaffen und darin Lebewesen gezüchtet hat, damit sie einander essen. Leben ernährt sich von Leben. Fauna und Flora. Die Tiere ernähren sich entweder von Fauna oder von Flora. Der Mensch isst alles. Solche Gedärme hat Gott ihm wachsen lassen und ihm das Recht verliehen, sowohl Tiere als auch Pflanzen als auch sich und andere zu essen. Ich ging in einen kleinen Dorfladen. Ein armseliger Laden für einen hungrigen Reisenden. Dennoch fand ich etwas, was ich mir in den Bauch stopfen konnte. Tiere würden davon Durchfall bekommen. Doch mir ist nichts passiert. So bequem ist mein Bauch, den Gott mir gegeben hat. Auch die Welt ist von Gott gegeben. Und so ist die Ordnung Gottes. Wenn der Mensch bequem leben will, muss er sich ihr anpassen. Doch mir sind nicht die Angepassten, sondern die Anpasser lieber. Meine Lieblingsfigur im Alten Testament ist Jakob, der es wagte, Gott zu betrügen, mit ihm zu kämpfen und ihn zu besiegen. Deswegen achtete ihn Gott. Er nannte ihn Israel. Von ihm stammt das Auserwählte Volk ab. Von Jakob, der Gott besiegt hat.

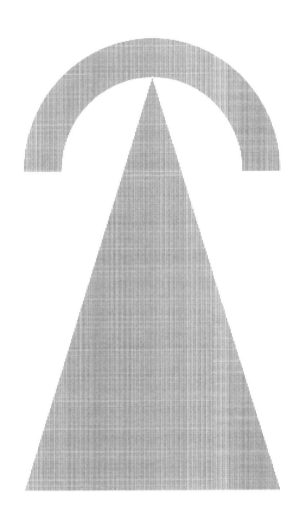

DIE LIEBE

Ein Feuer in den Augen entzündet ein Feuer in anderen Augen. Ein Mensch erwacht.

Ein Mensch, der genau so denkt wie ich, ist sehr weise. Ein Mensch, der das macht, was ich will, ist rechtschaffen. Ein Tier, das das macht, was ich will, ist ebenfalls rechtschaffen. So beurteile ich Menschen und Tiere, und dabei bin ich keine Ausnahme.

Ein Mensch wirft einen Knüppel, und der Hund läuft hin und bringt ihn zwischen seinen Zähnen zurück. „Was für ein kluger Hund", denkt der Mensch, „denn er macht das, was ich will." Eine Katze hingegen bringt den Knüppel nicht zurück. „Die Katze ist nicht klug", konstatiert der Mensch. Die Katze jedoch denkt: „Du hast den Knüppel weggeschleudert, du Dummkopf, so hol ihn dir doch selbst. Ich bin nicht deine Dienerin. Ich bin frei. Ich bin kein Hund und werde dir nicht die Fußsohlen lecken."

Hundeliebhaber sind mir unbegreiflich. Offenbar wollen sie neben sich ein noch schwächeres Geschöpf sehen als sich selbst. Oder einsame Menschen, die der Einsamkeit überdrüssig werden, denn sie wissen nichts damit anzufangen. Und mit sich selbst wissen sie auch nichts anzufangen. Und wenn sie alt werden, fangen sie an, sich um Hunde und Katzen zu kümmern. Und diejenigen, die nicht einsam sind, kümmern sich um ihre Angehörigen. Wenn sie alt werden. Und wenn sie sterben, setzen ihnen die Angehörigen einen schönen Grabstein. Mein Bruder Kristupas meißelt solche Grabsteine aus Stein. Er wundert sich über die Menschen: „Niemand kümmert sich um einen Menschen, solange er lebt", sagt Kristupas, „doch wenn ein lebendiger Mensch stirbt, so beginnen die Angehörigen sich um ihn zu kümmern und setzen ihm einen wuchtigen Grabstein, der die unaufhörliche Liebe zum Verstorbenen zum Ausdruck bringt." Ich bin der ältere Bruder (ein Faktum) und der klügere (meine Meinung), daher sage ich zu ihm: „Die Grabsteine setzen die Angehörigen nicht aus Liebe, sondern aus Dankbarkeit, dass sie endlich gestorben sind und sich nicht mehr weiter um ihre Angehörigen kümmern." Den Lebenden werden keine Denkmäler gesetzt. „Wie schön war meine Jugend", sagt der alte Mensch und stößt einen Seufzer aus. Sie war nicht schön. Sie ist nur schön geworden, weil sie nicht mehr ist, sie ist gestorben. Der Tod ist schön, aber nicht die Jugend. Ich werde im Sarg schön sein. Ich werde emporsteigen und mich vom Himmelsgewölbe aus an mir selbst erfreuen.

Für gestorbene Esel werden keine Grabsteine errichtet. Nur für Menschen. Der Esel ist das Symbol der Dummheit. Darauf haben sich die Menschen geeinigt, denn der Esel gehorcht ihnen nicht, wenn er dazu nicht in Laune ist. Er bleibt am Weg stehen, beladen mit Bündeln, stützt den Kopf auf einen Baum und steht felsenfest da. „Man muss warten", sagt der weise Kirgise, denn niemand wird ihn dazu bringen, sich zu bewegen – weder ein Kuchen noch die Peitsche." Ein Tier mit Charakter.

Im Pamir-Gebirge habe ich Esel kennengelernt. Ich bringe ihnen Achtung entgegen, denn sie verdienen Achtung. Und ich bewundere sie, denn Bewunderung verdienen sie ebenfalls. Ich stieg auf den Berg, und vorne ging ein Esel mit unseren Rucksäcken. An steilen Stellen bewegten sich die schlanken und festen, wie aus Damaszener Stahl geschmiedeten Beine des Esels genau vor meinem Gesicht. Wenn mich der Esel auf den Kopf getreten hätte, so hätte er mich erschlagen. Mein Leben war in den Händen des Esels. Da ich ein talentierter Künstler bin, so war auch das Kulturerbe des Volkes in den Händen des Esels. Nichts Neues.

Wir hielten Rast auf einer Lichtung, die mit einem ziemlich hohen Steinzaun umgeben war. Es wuchsen etliche Bäume, ein Bach floss und eine Eselin weidete. Auf dem Weg näherte sich der Esel. Er war mit zwei schweren Mehlsäcken, einigen Aluminiumtöpfen, noch irgendwelchem Hausrat und einem großen Kirgisen beladen. Das alles trug ein kleines Tier, nicht viel stämmiger als eine Ziege. Ein verblüffender Anblick. Wir schauten hin und wunderten uns über die Kraft und Ausdauer des Esels.

Der Esel sah die Eselin. Liebe auf den ersten Blick. Er warf den Kirgisen, den Hausrat und die Mehlsäcke in das kristallklare Wasser des Flusses. Er warf alles von sich ab. Es blieben nur der Sattel und die Aluminiumtöpfe. Er selbst stürzte sich auf die Eselin, wobei er unterwegs einen Teil des Steinzaunes zerstörte. Er war nicht wiederzuerkennen. Er wurde zu einem Tier mit fünf Beinen von völlig gleicher Länge. Sein ganzes Wesen strahlte ein so mächtiges Liebesbeben aus, dass von den Bergen Steine herabzurieseln begannen. Seine

Augen wurden groß und schwarz, und sie sahen nichts, waren geblendet von einer dämonischen Begierde, die zu erfahren einem Menschen nicht gegeben ist. Was danach geschah, vermag ich nicht zu beschreiben. Eine machtvolle Liebe, die sichtbare Gestalt angenommen hatte. So verblüffende Erscheinungsformen der Liebe, begleitet vom verrückten Geklapper der Töpfe, habe ich nie mehr zu sehen bekommen.

„Ein Augenblick mit dir, meine Liebe, ist mehr wert als das ganze Leben."

Da heiratete ein Reicher eine Schönheit, er liebte sie sehr, doch sie liebte ihn nicht oder hörte vielleicht auf, ihn zu lieben, nach einem Jahr verließ sie ihn und bekam eine Million zugesprochen. „So betrog sie den Reichen, so ein reicher Trottel, recht geschieht ihm", freuten sich diejenigen, die mir diese Geschichte erzählten. Aber vielleicht gibt es im Leben eines Menschen ein Jahr, das eine Million wert ist, vielleicht gibt es einen Tag, der zwei Millionen wert ist, und vielleicht ist ein Augenblick neben dem unendlich geliebten Menschen drei Millionen wert. Wenn man vergisst, dass dieser Augenblick vergeht. Wie viel kostet ein solcher Augenblick? Um wie viel kann man ihn kaufen? Was? Der Reiche ist kein Trottel. Er kennt den wirklichen Wert.

Auf dem Umschlag der in der Zwischenkriegszeit erscheinenden Zeitschrift „Naujoji Romuva" war eine Schwarz-weiß-Abbildung von Botticellis Bild „Die Geburt der Venus". Meine erste Liebe in Schwarz-Weiß. Mein Traum langer Herbstabende. Ein reiner Traum, denn ich wusste nicht, wie er in Erfüllung gehen sollte. Ich erfuhr es nach langer Zeit. Unter viel Schmerzen.

„Ich habe es drei Minuten ohne dich ausgehalten, drei Tage. Ich werde es noch eine Minute aushalten, noch einen Tag, und bis zum Ende.

Ich werde nicht zuschanden werden."

⋯⋯⋯⋯⋯⋯⋯⋯⋯⋯⋯⋯⋯⋯⋯⋯⋯⋯⋯⋯⋯⋯⋯⋯⋯⋯⋯⋯⋯⋯⋯⋯⋯⋯

Die „verschlossene Periode" der Kindheit setzt sich bei mir das ganze Leben lang fort. Die Frauen lieben mich nicht sehr. Nur maßvoll. Ich verstehe sie. Ich bin kein erfahrener Liebhaber. Ich habe nicht viel direkte Erfahrung. Nur von Ferne. Vielleicht ist das ein Vorteil. Einen Berg von weitem zu sehen, aber nicht aus der Nähe. Das Wesen des Berges zu sehen. Die Gesamtheit. Wäre ich neunundsechzig Lichtjahre von der Erde entfernt, könnte ich meine Geburt sehen und alles beobachten, was hernach mit mir geschehen ist. Ich würde jeden Augenblick meines Lebens von neuem durchleben. Wie ich mich fühlen würde, weiß ich nicht. Wie ein Esel und wie die Liebe eines Esels aussieht, weiß ich. Ich denke darüber nach, ob die Liebe, die einem Esel und einem Menschen gegeben ist, unendlich ist oder ein Ende hat. Vielleicht wie hundert Litas und jeder kann sie ausgeben, wie es ihm passt? Er kann Bonbons kaufen, bis kein Geld mehr übrig ist, oder er kann einen einzigen wertvollen Gegenstand erwerben. Ich weiß es nicht.

Als ich in die fünfte Klasse ging, hatten wir eine Exkursion in eine Süßwarenfabrik. Die Führerin der Exkursion sagte, wir könnten so viele Pralinen essen, wie wir wollten, wir dürften sie nur nicht mitnehmen. Zuerst führte sie uns in den Raum, wo Bonbons hergestellt wurden. Wir stopften uns so viele Bonbons in den Mund, wie nur Platz hatten. Mit vollen Mündern gingen wir in einen anderen Raum, wo besser schmeckende rot gestreifte Pralinen hergestellt wurden. Wir spuckten die Bonbons aus und stopften uns die Münder mit den gestreiften Pralinen voll. Wir zogen weiter und stopften die dort hergestellten Süßigkeiten in uns hinein. Schließlich wurden wir in die Abteilung geführt, in der die wohlschmeckendsten Süßigkeiten hergestellt wurden, die mit Likör. Leider waren unsere Möglichkeiten, Süßigkeiten zu essen, völlig erschöpft. Wir versuchten zu essen, empfanden aber nur Übelkeit. Die Möglichkeiten sind begrenzt. Überall. Vielleicht auch in der Liebe. Eine Frau, die von einem Bett in das andere hüpft, liebt jeden, der das wünscht, und wenn sie den ihr bestimmten Menschen trifft, mit dem sie den wahren Segen einer wahren Liebe erfahren könnte, hat sie keine Liebe mehr. Es ist keine mehr übrig. Man sagt, die Liebe ist für die Frauen, Männer kennen nur den Unterleib. Ich glaube das nicht. Die Liebe ist nur verschieden. Denn die Natur von Mann und Frau ist verschieden. Die Zeiten ändern sich, doch die Natur nicht.

Der Mann ist ein Jäger. Er sieht ein Tier und richtet sein Gewehr darauf. Sein ganzes Wesen ist auf einen einzigen Punkt ausgerichtet. Würde er sich nach allen Seiten umsehen, so könnte er nichts erlegen. Daher gibt es für einen Mann sonst nichts, nur diesen Punkt. Andere Dinge, die daneben sind, waren oder sein werden, existieren für ihn nicht. Und wenn ein Mann eine Frau liebt, dann nur sie allein, von denen, die er geliebt hat, bleiben keine Spuren, und die, die in der Umgebung sind, kümmern ihn nicht. So ist die Natur eines Mannes, eines Jägers. Frauen sehen sich nach allen Seiten um, sie sammeln Zweige, Pilze und Beeren. Sie konnten sich nicht auf einen einzigen Punkt ausrichten, denn sie mussten den Kopf hin und her drehen um zu sehen, wo ihre Kinder herumlaufen. Verschiedene Leben und Naturen sind Mann und Frau gegeben. Ich habe bemerkt, dass eine Frau, die sich von mehreren Männern getrennt hat, diese nicht vergisst und sich um sie kümmert. Männer kümmern sich nie um Ex-Frauen. Im Herzen einer Frau sind alle ihre Männer. Und je mehr es waren, umso weniger Platz bleibt für den letzten. Die Vergangenheit einer Frau haftet an ihr. Wenn eine Frau mit einem Mann ins Bett geht, so liegen daneben auch alle anderen Männer, mit denen sie im Bett war. Das Herz eines Mannes gehört nur dieser einzigen, von den anderen bleiben keine Spuren. Es gibt keine Konkurrenz. Jede Liebe ist die erste. Mit jeder Frau verliert er die Unschuld. Daher ist die Liebe eines Mannes unerschöpflich. Daher ist die Behauptung, dass sich ein Mann für die Vergangenheit einer Frau interessiert, die Frau hingegen für die Zukunft eines Mannes, begründet, vom Leben diktiert. Ein Mann hat keine Vergangenheit.

Ein Mann bemüht sich, die Gunst nur einer Frau zu erlangen, eine Frau um die aller Männer. So hat es Kant gesagt.

Eine Frau sagt zu ihrem Geliebten:
„Ich liebe meinen Mann."
„Warum bist du dann hier, mit mir?"
„Weil ich auch dich liebe."

Stammt das Ei von der Henne oder die Henne vom Ei? Das ist die ewige Frage. Für mich ist das Ei ein Gegenstand. Die Henne hingegen das Leben im Gegenstand. Die Henne hat Individualität, das Ei aber nicht. Vielleicht ist die Individualität ewig, ist nicht nur im Körper und kann selbst den Körper schaffen, welchen sie will, oder in den eingehen, den sie verdient hat. Daher neige ich zur Annahme, dass das Ei von der Henne stammt, und die Henne von sich selbst. Man sagt, das Weltall habe sich selbst erschaffen. Oder es sei ewig gewesen. Eine ewige Henne. Eine sich selbst erschaffende Henne. Mein Ideal und Lebensziel.

Ich lebe wie ein Huhn, ohne zermürbende Anstrengungen, ich picke das auf, was unter den Beinen ist, am Himmel fliege ich nicht, aber ein wenig fliegen kann ich. Die meisten Menschen können nicht einmal das. Ich habe nicht viele Eier gelegt, aber viel gegackert. Das Leben eines Menschen ist die Summe aus Eiern und Gackern. Die Mengen sind verschieden, doch die Summe ist dieselbe. Mein ganzes Leben habe ich davon geträumt, nicht von außen abhängig zu sein und meine eigene Ursache zu werden. Ich bin meine Zustände und will sie beherrschen. Mein eigener Herrscher sein. In mir die große Kraft des Huhns spüren. Die Freiheit, von niemandem abhängig zu sein, nur von mir selbst. So waren die Träume. Zum ersten Mal sah ich meine künftige Frau Nijolė in einem dunklen gotischen Korridor, und meine Liebe kam zum Ausbruch. Und die Träume von Freiheit und Unabhängigkeit waren zu Ende. Die Liebe bricht aus wie eine spontane Katastrophe, und der Mensch ist machtlos. Kein einziger Augenblick seines Lebens gehört mehr ihm selbst. Gefühle, Zustände, Glück und Leid hängen nicht mehr von ihm ab. Kein Stein bleibt auf dem anderen. Steinzäune stürzen ein. Dabei wirkte sie vor der Liebe so fest. Eine Esel-Geschichte. Auf dem Tisch steht ein Teller mit Äpfeln. Meine Frau Nijolė schaut nicht auf den Teller, sie streckt nur die Hand aus und nimmt einen Apfel. Ich mustere die Äpfel, suche mir mit den Augen den besten aus und denke: Ich muss ihn nehmen, bevor ihn jemand anderer nimmt. Danach beschließe ich, dass sich ein solches Verhalten nicht schickt. Meine Frau Nijolė wird nicht sehen, welchen Apfel ich genommen habe, doch die anderen, welche ebenso den besten Apfel nehmen wol-

len, werden denken, ich sei ein ungehobelter Egoist. Daher nehme ich den Apfel, der am nächsten von mir liegt, um besser zu scheinen als ich bin. Das Wesen der Kultur.
Ich glaube, meine Frau hat sich auch mich ausgesucht wie den Apfel vom Teller.
Eine Frau, die imstande ist, sich ganz einem anderen hinzugeben. Bis zum Ende.
So hat Gott Eva erschaffen.

Der Mensch will geliebt sein. Er denkt: „Du liebst mich, und nicht die anderen, denn ich bin wertvoll, die anderen hingegen sind wertlos." So denkt der Mensch, und er fühlt sich wohl. Die Bedingung des Glücks. Der Verstand sagt, es wäre besser, nicht geliebt zu werden. Geliebte haben viel Schmerz zu gewärtigen. Wirst du geliebt, so bist du notwendig und schon nicht mehr frei, denn die Zustände des liebenden Menschen hängen von dir ab. Man muss sich so verhalten, dass man den liebenden Menschen nicht verletzt, und das heißt: nicht so, wie man will.

„Komm, Mädchen. Ich werde dir Worte sagen, die du noch nie zu hören bekommen hast."
„Ich brauche keine Worte."
„Mädchen, ich erinnere mich nicht an dein Gesicht, nur an deine Sehnsucht."

Ich bin ein Mittel um zu leben, aber ich lebe nicht.
Ein Mittel, um ein mir unbekanntes Ziel zu erreichen.
Ich habe versucht, es in Erfahrung zu bringen. Das Gedicht lautet so. Ich habe es gelesen und nicht vergessen.

Ich liebe dich zärtlich
Wie der Fluss das Ufer liebt.
Ich liebe dich mächtig
Wie die Wellen den Wind lieben
Ich liebe dich leise
Wie der Baum den Regen liebt.

Immer denke ich mir: Wie schön und traurig muss der Mensch sein, der diese Zeilen geschrieben hat. Und der, dem diese Zeilen gelten, kann sagen: Ich lebe nicht umsonst. Ich weiß nur nicht, ob es diesen Menschen gibt, oder nur die Sehnsucht dieses Menschen.

Ich weiß nicht, was besser ist: Freiheit oder Liebe. Es kommt nicht darauf an. Es braucht weder Freiheit noch Liebe, es braucht gar nichts, denn alles ist sinnlos. So sprechen diejenigen, die klug scheinen wollen. Irgendwann vor sehr langer Zeit habe ich die Augen eines Mädchens gesehen, voller Traurigkeit und Sehnsucht. Ich dachte, die Traurigkeit und Sehnsucht gälten mir. Ich irrte mich, doch in diesem Augenblick erfuhr ich den Grund. Ich bin der Grund für das Glück eines anderen Menschen. Und für die schöne Traurigkeit. Und für die Sehnsucht. Ich bin nicht umsonst. Welchen Sinn braucht es darüber hinaus? Ein Augenblick des Glücks, der dem Menschen gegeben ist. Auch ich bin, vom Aussehen her zu schließen, ein Mensch. Ein Augenblick des Glücks, der mir selbst gegeben ist. Ein solches Lebensziel gefällt mir sehr. Ich habe erfahren, wozu ich lebe. Zu meiner eigenen Freude. Doch vielleicht wäre es besser, dass alles für mich seinen Sinn verlöre. Auch ich selbst.

Dann bliebe nur die Leere. Die ursprüngliche Seligkeit.

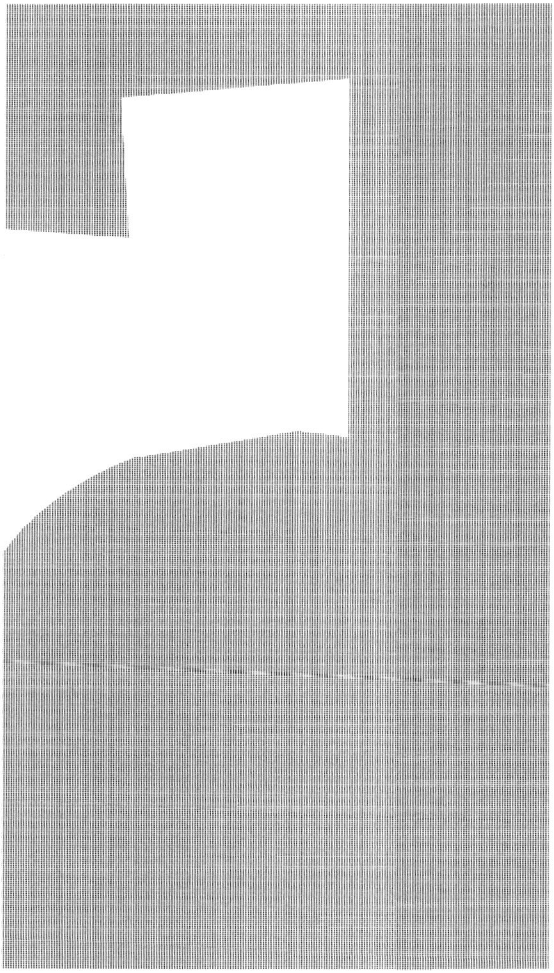

DAS HUHN

Ich warf einen Stein und traf ein Huhn auf den Kopf. Vor
fünfzig Jahren.

Vilnius war damals wahrscheinlich halb so groß wie heute.
Die neuen Plattenbauviertel gab es noch nicht. Žvėrynas,
die Hügel von Karoliniškės, wo meine Kindheit verging, danach das Dorf Viršuliškės, das noch nicht zu Vilnius gehörte,
weiter und ein wenig nach links Pilaitė, einige Häuschen,
und noch weiter der See von Saločiai. Ein kleiner blecherner
Autobus brachte uns auf einer staubigen Straße von Žvėrynas nach Pilaitė, danach gingen wir einen Kilometer bis zum
See zum Schwimmen. Nach dem Baden ging ich mit einigen
meiner Freunde vom See zur Bushaltestelle. Neben dem Weg
pickten einige Hühner herum. Ich warf einen Stein auf sie.
Ich warf den Stein immer sehr weit, über den Fluss Neris.
Die Hühner befanden sich etwa dreißig Meter entfernt, daher warf ich den Stein mehr in die Höhe als in die Weite. Ein
weißes Huhn fing an, mit den Flügeln zu schlagen, und fiel
zu Boden. Wir gingen näher heran und sahen, dass ich es
genau auf der Stirn getroffen hatte. Wir waren uns einig, dass
das Huhn tot sei. Ich hatte so etwas Ähnliches wie einen
Rucksack, nur mit einem Riemen. Das Huhn passte kaum
hincin. Ich steckte es mit dem Kopf nach unten hinein, denn
in dieser Richtung war es stromlinienförmiger. Nur die Beine

ragten heraus. Unweit von Vilnius stellte sich im Autobus heraus, dass das Huhn bloß ohnmächtig geworden war. Es kam zu sich und begann zu zappeln und zu gackern. Ich warf das Huhn zum Busfenster hinaus. Das Huhn plumpste nicht sehr graziös in den Straßenstaub, sprang herum, sah sich munter um und lief davon in die Büsche. Die Leute im Bus waren verwundert und interessierten sich für das, was sie zu sehen bekamen. Wir sagten, das Huhn sei unter ein Auto geraten, und wir hätten es mitgenommen in der Annahme, es sei tot. Die Leute sagten, so etwas könne man nicht tun. Wir sagten, dass wir das wüssten, doch wir wussten auch, dass sich Menschen nicht die ganze Zeit so verhalten können, wie es sich gehört, denn dann wären sie keine Menschen, sondern Engel. Hühnern ähnlicher als Menschen.

Jetzt, nachdem ein halbes Jahrhundert vergangen ist, denke ich über das weitere Schicksal des Huhns nach. Es ist doch in weite Ferne von seiner Heimat geraten. Hat wohl einiges durchgemacht, das Vögelchen. Sehnte sich nach seinen Nächsten. Der Kopf tat ihm weh. Ein Märtyrer-Huhn.

Der litauische Schriftsteller Jonas Biliūnas, der sich ähnlich verhalten hatte wie ich, verurteilte sich dafür ein Leben lang. Ich hingegen verurteile mich nicht. Das Huhn hatte doch dank meiner ein interessantes und farbiges Leben, kein so ödes wie andere Hühner. Ich bin sicher, dass es sich auf dem Totenbett genau an diesen dramatischen Abschnitt seines Lebens als wertvolle Erfahrung erinnert haben wird, die dem Leben Erfüllung verleiht. Von solchen Hühnern singen die Dainos, die litauischen Volkslieder. Wäre ich ein Huhn, ich würde nicht das Schicksal der anderen Hühner wählen, sondern jenes von mir beschriebene. Ich will nicht wie ein Mistkäfer im warmen und satten Misthaufen leben. Ich hätte Gott nichts zu erzählen, wenn ich im Paradies bin.

Interessant, was das Huhn über all das dachte. War es mir dankbar oder nicht? Ich plappere nur so vor mich hin. Ich versuche mich zu rechtfertigen, denn tief im Herzen spüre ich, dass ich mich schlecht verhalten habe. Oder vielleicht gut? Wenn ich im Paradies bin, werde ich Gott fragen. Denn dem Menschen ist es nicht gegeben zu wissen, was gut ist und was böse. Buddha hat Recht. Ich beneide Menschen, die viel durchlitten haben. Sie sind weise.

Ich – der Stein – das Huhn. Das Los des Huhns und meines verbindet eine Triade. Auch ich habe hinter mir, was das Huhn durchgemacht hat. Ich habe zwar keinen Stein auf den Kopf bekommen, sodass ich bewusstlos geworden wäre. Nur einen Prügel. Nachts in der Polockis-Straße schlug mir ein unbekannter junger Mann mit einem Prügel über den Kopf, neben dem linken Auge. An Details erinnere ich mich nicht, denn ich war betrunken. Blutüberströmt kam ich neben irgendeinem Drahtzaun zu mir. Dieser Vorfall drängt den Gedanken auf, dass es wirklich ein Gesetz der gerechten Vergeltung, des Karma gibt. Der junge Mann, der mich mit dem Knüppel geschlagen hat, war nach meinem Verständnis das Werkzeug einer sich neben den Menschen befindlichen höheren Macht, die die Menschen für ihr ungebührliches Verhalten bestraft. Vielleicht auch nicht, vielleicht war das nur ein Zufall. Doch es gibt zu viele solcher Zufälle. In der Kindheit habe ich meinem Freund die Briefmarkensammlung gestohlen – ein kariertes Schulheft, in das mit Silikatkleber Briefmarken eingeklebt waren. Vom Silikatkleber verfärbten sie sich gelblich und wurden zu Mehl. Später sammelte ich selbst litauische Briefmarken der Zwischenkriegszeit. Ich bekam sie fast alle zusammen. Eine wertvolle Sammlung. Sie wurde mir gestohlen. Damals grämte ich mich, aber jetzt nicht. Eine gerechte Strafe. Eine verbüßte Strafe. Ich kann ruhig schlafen. Auch dem jungen Mann mit dem Prügel zürne ich nicht. Er war nur das Ausführungsorgan. Gott hat ihm den Prügel in die Hand gegeben.

Ich frage mich, warum ich überhaupt einen Stein auf das Huhn geworfen habe. Archäologie der Natur. Schon lange habe ich den Verdacht, dass ich im früheren Leben ein Höhlenmensch war. In Tadschikistan, im ethnographischen Museum der Stadt Isfara, befindet sich die Büste eines Höhlenmenschen, angefertigt nach einem aufgefundenen Schädel. Sie sieht mir sehr ähnlich. Der Bildhauer Mindaugas Šnipas schnitzte aus Holz die Werbung für ein Antiquariat (Pilis-Gasse 32) – einen Höhlenmenschen mit einer kleinen Steinaxt in der Hand. Auch er sieht mir sehr ähnlich. Ich habe dem Bildhauer nicht Modell gestanden, wahrscheinlich fertigte er die Schnitzerei nach einem Anthropologie-Lehrbuch an. Nicht nur die Ähnlichkeit, auch die Natur des Höhlenmenschen ist in mir sehr aktiv. Ich sehe ein lebendiges Wesen und verspüre den Wunsch, es zu erschlagen und aufzuessen. Früher habe ich das auch getan, doch jetzt mache ich es nicht mehr, mit Willensanstrengung besiege ich die Neigung, die in mir steckt. Hätte ich nicht den Willen zu erschlagen und erschlüge niemanden, so wäre das in keiner Weise mein Verdienst. Das behauptet Kant: *Gerade da hebt der Wert des Charakters an, der moralisch und ohne alle Vergleichung der höchste ist, nämlich dass er wohltue, nicht aus Neigung, sondern aus Pflicht.*

Je mehr Leben ein Mensch gelebt hat, umso mehr entfernt er sich vom Tier, umso mehr besiegt die Pflicht den Wunsch. Ich entferne mich von den Tieren schon in diesem Leben. Und vom Menschen. Bald werde ich ein Engel werden. Ein Huhn bin ich schon geworden.

MEIN HOF

Ich bin in Žvėrynas geboren. Žvėrynas ist kein Tiergarten, wie das litauische Wort nahelegt, sondern ein Stadtteil von Vilnius. Mein Hof war in Žvėrynas. Dort lebten die drei Liobytė-Schwestern. Meine Mutter Emilija Liobytė sowie meine zwei Tanten: Aldona und Valerija. Und meine Großmutter Marija Liobienė. Von ihr stammt meine Liebe zur Schönheit. Sie hat Schönheit geschätzt. Ich habe ein Foto, aus dem sie ihren Mann Antanas Liobis herausgerissen hat, weil er nicht schön war. Sie hat nur sich selbst übriggelassen. Mich liebte sie mehr als ihre übrigen Enkelkinder, denn sie glaubte, ich sei geistig zurückgeblieben.

„Tut Mikalojus nichts zuleide. Gott hat ihm schon genug angetan", sagte sie immer wieder zu Tante Aldona.

„Mama, Gott hat ihm nicht angetan. Er ist ein normales Kind."

„Er hat ihm etwas angetan. Ich weiß es."

Ich weiß nicht, warum sie so dachte. Sie hatte wohl einen Grund dafür.

Geboren und aufgewachsen bin ich in dem Haus, in dem sich jetzt das Café „Jalta" befindet. Am Dachboden. Es war ein gemütliches Zimmer. Die Decke hatte die Form eines Sargdeckels. Im Erdgeschoss wohnte Frau Iksienė. Der Nachname ihres Mannes war Iksas. Ich weiß nur so viel. Ich erinnere mich nicht, ihn irgendwann gesehen zu haben. Wahrscheinlich hat die Iksienė ihn erwürgt. Sie war eine beeindruckende Frau. Sie ging mit struppigem rotem Haar und in einem roten geblümten Pyjama über den Hof. Groß und zornig. Sie schlug den Schauspieler Vladas Jurkūnas. Ich habe das nicht selbst gesehen, das haben nur die Freunde erzählt. Sie sagten: „Die Iksienė hat einen Schauspieler auf den Rücken geschlagen." Ich kann nicht sagen, wo ich zu dieser Zeit war, doch es schmerzt mich bis jetzt, dass ich so einen wunderbaren Anblick verpasst habe. Damals gab es wenig zu sehen. Damals schauten wir das Leben an, nicht den Fernsehapparat, denn es gab keine Fernsehapparate. Jetzt sehen die Kinder die ganze Welt, aber nicht die echte. Sie leben in dieser Welt. Man kann sagen, sie leben in einer unechten Welt. Wir hingegen, die Kinder von Žvėrynas, sahen nur unseren Hof, aber der war echt. Später, als wir größer geworden waren, verlagerte sich das Leben in die Hügel von Karoliniškes. Dort ist Lysagūra – ein hoher Steilhang am Ufer des Flusses Neris. Die Namen waren noch polnisch. Auf der anderen Seite des Flusses war Sakret. Ein Wald wie ein grünes Meer. An einem sonnigen Tag saß ich am Lysagūra und blickte auf meine nackten Füße im jungen Gras. Ich träumte vor mich hin. Zu dieser Zeit war mein Traum und mein Lebensziel, eine Katze zu erschlagen. Es ist mir nicht gelungen, meinen Traum und mein Ziel in die Tat umzusetzen. Die Katze habe ich nicht erschlagen, dafür fuhr ich das Huhn der Nachbarn mit dem Fahrrad nieder.

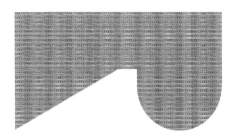

Eines der Kinder vom Hof, vermutlich Vytas Obuolėnas, hatte gesagt, man könne ein Huhn auf einem Lagerfeuer braten. Man müsse es ungerupft mit Lehm bestreichen und in der Glut braten. Wir versuchten es. Die Federn lösten sich mit dem Lehm sehr schön ab, aber das Huhn war nicht durchgebraten. Wir hatten es zu kurz gebraten. Es ist uns misslungen. Der Tod des Huhns war sinnlos. Wir hatten das Huhn am Fuß des Berges, der Respublikankė hieß, gebraten, beim Ufer der Neris. Die Neris führte damals viel Wasser. Es kam vor, dass die Menschen im Frühling über den Domplatz mit Kähnen ruderten. Solche Überschwemmungen gab es. Große Eisschollen schwammen auf der Neris. Eine hölzerne Eisenbahnbrücke führte nach Sakret. Soldaten sprengten die Eisschollen, damit sie die Brücke nicht zum Einsturz brächten. Das war ein beeindruckender Anblick. Unendlich viele Kinder strömten zusammen. Richtige Eisstücke flogen hoch in den Himmel und vielen direkt auf unsere Köpfe. Etwa einen Kilometer von der Brücke stromaufwärts, am Ende der Mickiewicz-Gasse, stiegen wir, die Kinder aus meinem Hof, auf die Eisschollen und schwammen bis zur Biegung, wo der Bach in die Neris mündet. Beim Bach drehte sich die Strömung in die Flussmitte und wir schwammen weiter. Mit Stöcken stießen wir die Schollen ans Ufer und stiegen hinaus. Ich war auf eine grünliche Scholle gestiegen. Sie war ungewöhnlich dick, aber nicht groß, sie ging von meinem Gewicht nicht unter, ich konnte jedoch nur ganz in der Mitte auf ihr stehen, denn jedes Mal, wenn ich auch nur einen Versuch machte, an den Rand zu gehen, um mit dem Stock den Grund zu erreichen und mich abzustützen, kippte sie. Ich schwamm nicht dort, wo ich wollte, sondern wohin die Scholle mich trug. Bei der Biegung hätte mich die Strömung in die Flussmitte abgetrieben. Jurgis Baublys, ein Freund von meinem Hof, stand am Ufer. Er streckte mir den allerlängsten Stock entgegen, damit ich mich an ihn klammern und er mich ans Ufer ziehen könne. Zusammen mit der Eisscholle. Doch die Scholle war zu schwer, daher zog er mich nur von ihr herunter. Ich sank bis zum Hals in das Wasser der Neris.

Als ich nach Hause kam, bestrafte mich die Großmutter. Mein Vater hatte aus der südukrainischen Stadt Saporischschja irgendeine Peitsche mitgebracht, die *Nagaika*, Riemenpeitsche hieß. Sie war mit Bedacht angefertigt. Aus Lederbändchen geflochten, die sich am Ende verjüngten, und ganz am Ende befand sich ein kleiner Knoten, der sehr schmerzte. Kein einziges von mir erfahrenes Kunstwerk hinterließ bei mir einen so tiefen Eindruck wie der kleine Knoten am Ende der Peitsche. Mit eben dieser Peitsche bestrafte mich die Großmutter. Danach ließ sie mich niederzuknien und ihre Hand küssen. Sie sagte: „Ich habe dich deswegen bestraft, weil ich dich sehr liebe und dir gut will. Damit du dich daran gewöhnst bestraft zu werden, denn das Leben wird dich noch viel schmerzlicher bestrafen."

Auch Mutter bestrafte mich mit dieser Peitsche. Sie strafte sehr kreativ. Ich hatte etwas angestellt, und Mutter sagte: Du hast etwas angestellt. Jetzt strafe ich dich mit der Peitsche oder ich lasse dich nicht in den Hof gehen. Du hast die Wahl." Ich heulte lange und feilschte, denn ich fürchtete zwar die Peitsche, aber ich wollte auch unbedingt in den Hof hinaus, wo das freie blutvolle Leben kochte. Schließlich siegte meine heldenhafte Natur über die Angst vor der Peitsche, und nach der Bestrafung lief ich in den Hof hinaus. In meinen Augen spiegelte sich der Himmel. In den Augen von Mutter und Großmutter sah ich aber jedes Mal, wenn sie mich bestraften, eine unendliche Liebe. Mein Körper schmerzte, doch die Seele schmerzte nicht. Ich küsste Mutter und Großmutter die Hand.

Meine Natur ist nicht heldenhaft, das habe ich nur geschrieben, weil es schön klingt. Nur einmal im Leben war ich ein Held. Damals ging ich in die erste Klasse. Die Lehrerin erzählte uns von der Heldin der Sowjetunion Marytė Melnikaitė. Sie war von den Faschisten gefoltert worden, hatte jedoch nicht geweint und ihre Partisanenfreunde nicht verraten. Und ich beschloss, so zu werden wie Marytė Melnikaitė. Ein Held. Mutter bestrafte mich immer auf dieselbe Weise: drei Peitschenhiebe auf die nackten Beine. Ich heulte jedes Mal. Als mich Mutter nach meinem Beschluss bestrafte, biss ich die Zähne zusammen und heulte nicht. „Warum heulst du nicht?", fragte Mutter. „Tut es dir nicht weh?" Sie wiederholte die Strafe so, dass es wirklich wehtun sollte, und ich verstand, dass es sich nicht lohnt, ein Held zu sein, darum war ich niemals mehr einer.

Die Liebe heutiger Eltern zu ihren Kindern ist mir verdächtig. Es scheint, die Eltern lieben nicht die Kinder, sondern sie wollen, dass die Kinder sie lieben. Sie gehen mit ihren

Kindern um wie mit Zimmerpflanzen. Zimmerpflanzen leiden, wenn sie ins Freie gestellt werden, wo Sonne, Wind und Regen sind. Die Eltern versuchen, die Kinder vor dem Leben zu beschützen, obwohl sie für das Leben geboren sind und die Kinder schmerzlich damit zusammenstoßen. Dann bringen die heutigen Eltern sie zum Psychologen. Unsere Eltern kannten ein solches Wort nicht. Soviel ich weiß, gab es überhaupt keine Psychologen. Sie waren überflüssig. Alle psychologischen Probleme der Kinder lösten die Eltern selbst. Ohne Worte. Es reichte die von mir besungene Peitsche. Auf der gegenüberliegenden Straßenseite wohnte Tante Meilytė, eine weltbekannte Pädagogin. Wir kannten sie, denn damals kannte man einander. Sie sagte: „Kinder haben kein Recht, unglücklich zu sein." Ich verstand sie nicht: „Ich bin nicht freiwillig unglücklich, wie kann ich also ein Recht oder kein Recht darauf haben." Doch jetzt verstehe ich sie und pflichte ihr bei. „Wenn ihr unglücklich seid, so ist das eure Sache. Bürdet eure Befindlichkeiten nicht anderen auf. Wünscht euch nicht, dass andere euch glücklich machen. Schafft euer Glück selbst. Niemand ist euch etwas schuldig." Das hat Tante Meilytė gesagt.

Unsere Welt. Der Hof, Karoliniškės, die Neris. Dort haben wir selbst unser Leben geschaffen und darin gelebt. Jetzt aber wird den Kindern ein Leben geboten, das andere geschaffen haben. Freifächer, Fernsehen, Computer, Spielplätze. Den Kindern ist langweilig, wenn sie allein sind. Sie haben andere Träume.

Ich nörgle wie ein alter Mann. „Früher war es besser." Es war nicht besser, nur anders. Darüber spreche ich. Ich bin kein Richter.

Die Kiefern in meinem Hof wachsen gleich wie in der Kindheit. Mit vertrockneten Wipfeln. Sie haben sich nicht verändert. Nur ich habe mich verändert. Aber vielleicht bin ich ein anderer geworden. Das Kind, das in meinem Hof herumlief und das ich als „Ich" bezeichne, war nicht ich. Es ist mir fremd. Die Inder sagen, dass der Mensch viele Seelen hat und während seines Lebens viele Male geboren wird. Vielleicht ist es so.

In der Kindheit ging es mir gut, danach wurde ich erwachsen und es ging mir schlecht, jetzt aber bin ich alt geworden und es geht mir wieder gut. Den Tod fürchte ich nicht. Wenn ein Mensch aufhört, den Tod zu fürchten, dann hat er es gut im Leben.

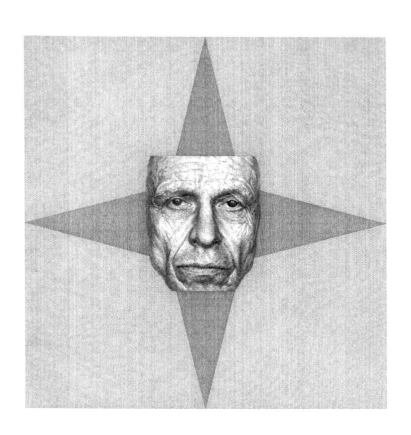

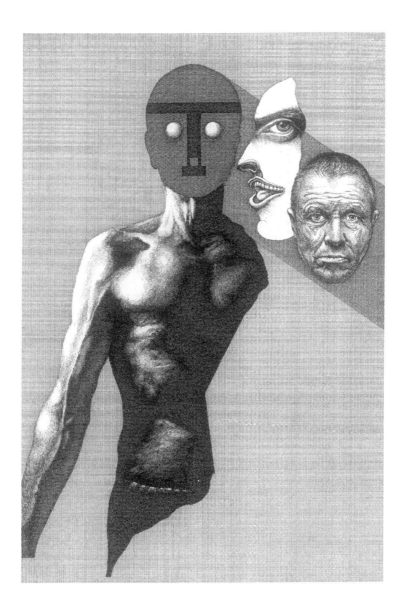

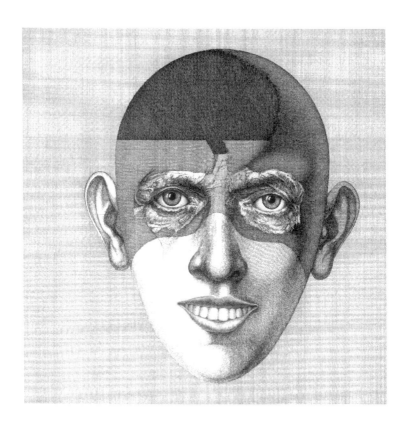

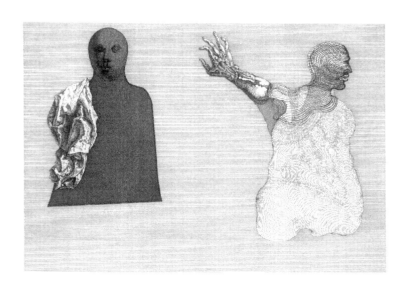

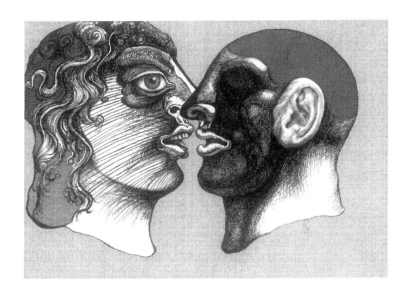

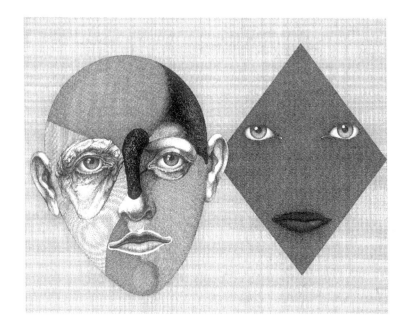

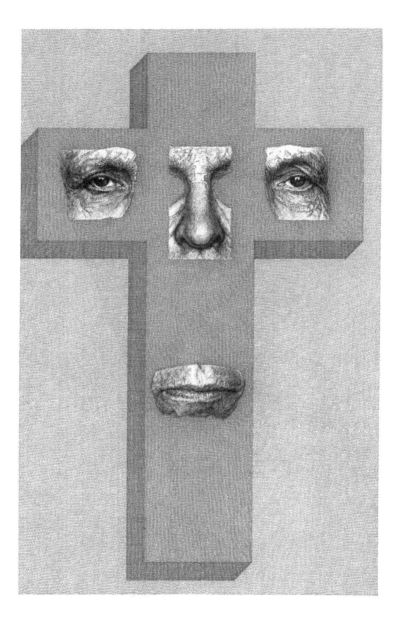

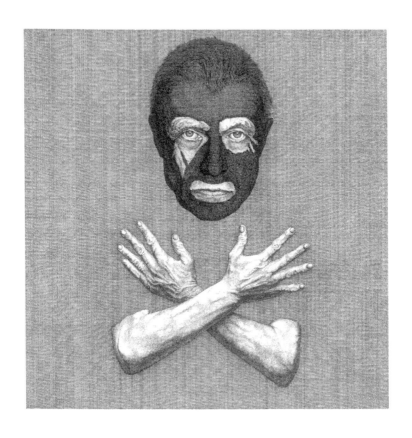

Inhalt

Die Originalausgabe dieses Buches erschien unter dem Titel
Sriuba im Verlag Tyto Alba, Vilnius 2014.

Die Übersetzung dieses Buches
wurde gefördert vom Litauischen
Kulturinstitut.

Umschlag: Jolanta Johnsson
Satz/ Layout: Jolanta Johnsson, inspiriert vom Design und
unter Verwendung der Graphiken von Mikalojus Vilutis aus
der litauischen Originalausgabe.
Druck: BookPress, Olsztyn

ISBN: 978-3-943767-75-9